Gabriele Dietrich

Typisch!

Vom Umgang mit Cholerikern und anderen Temperamenten

Gütersloher Verlagshaus

Bibliografische Information der Deutschen Nationalbibliothek
Die Deutsche Nationalbibliothek verzeichnet diese Publikation
in der Deutschen Nationalbibliografie; detaillierte bibliografische Daten
sind im Internet über http://dnb.d-nb.de abrufbar.

1. Auflage

Umschlaggestaltung: schwecke.mueller Werbeagentur GmbH, München
Umschlagillustration: © getty images
Satz: Katja Rediske, Landesbergen
Druck und Einband: Těšínská Tiskárna AG, Český Těšín
Printed in Czech Republic
ISBN 978-3-579-06971-5

www.gtvh.de

Inhalt

Wir sehen die Dinge nicht,
wie sie sind,
wir sehen die Dinge,
wie wir sind.

ANAÏS NIN

Das ist erst der Anfang

Einleitung

Wann hat man schon einmal alle vier Temperamente leibhaftig beisammen? Auch für jemanden, der ihnen seit vielen Jahren auf der Spur ist, war dies ein seltener Glücksmoment: Bei einem Klassentreffen stand der Kaffeetisch so unglücklich im engen Flur, dass die mit den vollen Tassen Zurückkommenden mit den Kaffeesuchern kollidieren mussten. Mitten im Gedränge kicherten die Sanguiniker miteinander und merkten gar nicht, dass sie den anderen im Weg standen. Etwas abseits, an der Wand, warteten Sarah und Manfred in aller Ruhe darauf, dass der Andrang verebben möge – das waren die Phlegmatiker. *Also so was Dummes hier*, tönte es plötzlich, *nun fasst mal mit an!* Und brav hoben mehrere Menschen unter dem Kommando unseres alten Klassensprechers Alexander – natürlich Choleriker – den Tisch an eine breitere Stelle. *Wo bleiben die Melancholiker?*, dachte ich. Da trat Barbara durch die Tür, elegant wie immer, und sagte: *Wenn ich komme, gibt's wahrscheinlich keinen Kaffee mehr.*

Das Temperament färbt all unsere sonstigen Eigenschaften wie ein nicht farbechtes rotes Hemd den Inhalt einer Waschtrommel. Es hat nichts zu tun mit Intelligenz oder Bildung. Es äußert sich auch nicht im Inhalt einer Tätigkeit, eines Verhaltens, einer Reaktion. Es zeigt sich in der Art und Weise, *wie* ein Mensch handelt, sich verhält oder reagiert. Es ist wie ein seelisches Grundmuster, eine Polung. Wie kommt es sonst, dass manche Politiker im Wahlkampf unerschütterlich strahlen, locker auf Bühnen springen, im Fernsehen supergut rüberkommen und in der Menge zu baden scheinen, während anderen auf der Stirn steht, wie peinlich ihnen diese ganze Veranstaltung ist. Sie gucken immer in die falsche Kamera, reden bräsig Ernsthaftes, wenn eigentlich nur ein lockerer Spruch angebracht wäre, und wissen nicht, wohin mit den Händen. Die ersten fangen die Wählerstimmen, die zweiten sind manchmal die besseren Politiker.

Auch Begabungen sind durch die Temperamente unterschiedlich gefärbt. Nehmen wir zwei Radrennfahrer wie Armstrong und Ulrich. Beide galten als ähnlich hoch begabte Sportler, doch der eine zeigte deutlich cholerische Züge, der andere phlegmatische. Der erste fuhr Rad, um zu siegen, der zweite, um davon zu leben. Der eine trainierte wie ein Besessener, sogar zu Weihnachten, war 365 Tage im Jahr in Topform und sagte: *Verlieren ist ein wenig wie sterben.* Der andere musste im Frühling erstmal den Winterspeck runterstrampeln und meinte fröhlich, als er beim Zeitfahren 60 Sekunden langsamer gewesen war als der Sieger: *Eine Minute ist gar nicht viel, wenn man überlegt, etwa eine Sekunde pro Kilometer.* Der erste gewann sechsmal hintereinander die Tour de France und der andere war auch ganz zufrieden mit sich. Kämen Dopingmittel ins Spiel, so nähme sie ein cholerisches Temperament, um eine absolute, nie erreichte Spitzenzeit herauszufahren. Ein phlegmatisches nähme sie, um sich etwas weniger anstrengen zu müssen.

Es gibt Sätze, die gehören zu bestimmten Menschen wie ihr Lieblingsgericht, Sätze wie: *Egal! Das wird jetzt durchgesetzt!*, oder: *Da sollten wir aber erst mal drüber schlafen!*, oder: *Also nein, ob das wirklich was bringt?*, oder: *Oh ja! Ich weiß auch schon, wer noch mitmachen könnte!* Die Temperamente, so weiß man heute unter anderem aus der Zwillingsforschung, liegen in den Genen, und es bedarf keiner psychologischen Fachkenntnis, sie zu erkennen. In Psychiatrie und Psychologie arbeitet man naturgemäß mit den krankhaften Aspekten und spricht von depressiven, schizoiden, zwanghaften und hysterischen Persönlichkeitsstrukturen. Wir dagegen wollen uns hier mit den etwas langweiligeren Durchschnittsmenschen befassen, mit uns, die wir zwar mal an der einen oder anderen kleinen Neurose leiden, die wir mal in Lethargie versinken oder einen hysterischen Anfall haben, normalerweise aber unser Leben allein in den Griff bekommen.

In der Antike sah man den Menschen nicht als einen in sich funktionierenden Organismus, sondern als Teil der Natur und wie alles Bestehende durchwoben von vier Elementen, die mit den Temperamenten korrespondierten: Feuer mit den Cholerikern, Wasser mit den Phlegmatikern, Luft mit den Sanguinikern und Erde mit den Melancholikern. In unserer Sprache werden diese jahrtausendealten Zuordnungen immer noch tradiert, aber zunehmend unbewusst: *Luftikus!* sagt man schon mal zu Sanguinikern, oder *Feuerkopf!* zu Cholerikern. Wenn zwei sich oft streiten, heißt es: *Sie sind wie Feuer und Wasser,* und fühlt sich jemand rundum wohl, ist er *ganz in seinem Element.*

Dieses Buch stöbert in ideengeschichtlichen Fundgruben, beobachtet berühmte und alltägliche Menschen und analysiert Situationen und Konstellationen des Zusammenlebens. Vor allem aber lädt es dazu ein, uns und die anderen nicht immer ganz ernst zu nehmen. Denn unsere Marotten sind erstaunlich gleich geblieben über die Jahrtausende, und deshalb kann man sich heute, je nach Temperament, in Sir Francis Drake ebenso wiederfinden wie in Brigitte Bardot oder in Diogenes.

Schauen wir die Temperamente also nun einmal genauer an, experimentieren wir mit ihnen, denn es gibt durchaus explosive, aber auch sich ergänzende Mischungen. Schauen wir uns an, was die Temperamente in der Liebe anrichten und am Arbeitsplatz. Und lassen wir uns überraschen, wie die Dinge sich ändern, je nachdem, wer sie betrachtet.

Ich bin eigentlich ganz anders.
Ich komme nur so selten dazu.

ÖDÖN VON HORVATH

Das fundamentale Lebensgefühl

Temperament und Charakter

Benehmen sich Choleriker immer wieder wie Rumpelstilzchen, heißt das nicht, dass die Bedauernswerten nun mal mit ihrem Temperament geschlagen sind, sondern nur, dass sie es nicht im Griff haben. Gewiss bringen wir das Temperament mit auf die Welt und gewiss bestimmt es unser diffuses, fundamentales Lebensgefühl, unsere grundsätzliche Art, die Welt zu sehen. Doch ein gut trainierter innerer General kann die ungezügelt aus den Genen hervorbrechenden Sturmtruppen zunächst einmal antreten lassen, mustern und erst dann entscheiden, ob er sie tatsächlich die gewünschte Attacke reiten lässt oder lieber den geordneten Rückzug befiehlt. Das Temperament ist uns mitgegeben. Charakter ist das, was wir daraus machen. Persönlichkeit, sagen die Psychologen, sei dann alles zusammen.

Wer sein Temperament einfach beiseite lässt und meint, es nicht beachten zu müssen, dessen Handlungsweise wird beständig von unreflektierten Motiven unterwandert. Zwar sprechen uns einige dieser netten modernen Hirnforscher frei von schuldhaftem Verhalten und behaupten, unser Gehirn entscheide alles Tun alleine, ohne uns vorher zu fragen. Doch noch gilt es allgemein als ehrenrührig, wie ein Hund nach jeder Wurst zu schnappen, die einem vor die Nase gehalten wird. Fiele etwa ein Mann hemmungslos über eine Frau her, die ihm Appetit machte, und riefe er dann: *Ich war's nicht, sondern mein Gehirn*, würde kaum ein Richter dies als mildernden Umstand akzeptieren. Und zeigt nicht allein die Möglichkeit, Angeborenes wie das Temperament zu beherrschen, die Macht des menschlichen Geistes über Naturgegebenes?

Stellen wir uns vor, ähnlich aufgeweckte Vertreter der vier Temperamente hörten gemeinsam den Vortrag eines populistischen Scharfmachers. Sie alle ärgern sich. Den Cholerikern aber schießt der Ärger blitzartig in den Kopf, weil sie sich immer persönlich angesprochen fühlen. Am liebsten würden sie auf der Stelle schnaubend das Rednerpult stürmen und den Demagogen an der Krawatte aus dem Saal schleifen. In den allermeisten Fällen hält sie jedoch ihr Charakter davon ab, denn aus vielleicht schmerzlicher Erfahrung wissen sie genau, dass sie sich damit lächerlich machen würden. Außerdem bringts ja nichts. Also atmen Choleriker normalerweise tief durch und beherrschen sich. Vermutlich werden sie dem Agitator dennoch energisch widersprechen, jedoch ohne allzu sichtbare Erregung und vielleicht gar mit wohlgesetzten Worten. Diese Aktion kostet sie Kraft und es mag sein, dass ihnen vor lauter Beherrschtheit Schweißtropfen auf der Stirn stehen.

Bei Phlegmatikern dagegen dümpelt der Ärger so allmählich hoch wie Wasser in der Badewanne. Sie fühlen sich von dem Wichtigtuer gar nicht persönlich angesprochen, geschweige denn herausgefordert. Warum soll man sich für jeden Blödsinn zuständig fühlen? Ihre Toleranzschwelle liegt sehr hoch, und sie warten erst mal ab, ob nicht ein anderer den Redner in seine Schranken weist. Das fänden sie ganz in Ordnung. Geschieht das nicht, wird unseren Phlegmatikern vielleicht unwohl und sie sagen sich, du kannst nicht einfach so tun, als ginge dich das nichts an. Und dann atmen auch sie tief durch, beherrschen sich und erheben Einspruch. Vielleicht bemühen sie sich gar, etwas mehr Blut in die Schläfen zu pumpen, um sich besser in Szene zu setzen. Diese Aktion hat sie ebenso Kraft gekostet wie den Cholerikern die ihre, doch aus gegensätzlichen Gründen.

Man hätte es ahnen und überhaupt nicht herkommen sollen! Das wäre ein typisch melancholischer Gedanke. Wie schon so oft fühlen sich Melancholiker bestätigt, dass der Mensch mit seinem Spatzenhirn begrenzt ist von Tücke und Dummheit. Ein diffuses Gefühl der Hilflosigkeit lähmt ihre empfindsame Brust, und sie sind davon überzeugt, vermutlich zu Recht, dass kein Widerspruch diesen Hetzredner, der in aller Öffentlichkeit solch empörende Wahnideen verbreitet, eines Besseren zu belehren vermag. Nur aus moralischen Motiven mögen sie sich bemüßigt fühlen, doch noch zu protestieren, denn es kann ja sein, dass junge Zuhörer auf diesen Menschen hereinfallen. Und daran möchten sie nicht schuld sein.

> Wer mit dem Leben spielt,
> Kommt nie zurecht.
> Wer sich nicht selbst befiehlt,
> Bleibt immer Knecht.
>
> JOHANN W. V. GOETHE

Bei den extrovertierten Sanguinikern hält der erste Ärger nicht lange vor. Für sie ist es typisch, statt zu einer bestimmten Reaktion zu neigen, gleich mehrere Möglichkeiten in petto zu haben. Je nach ihrer Wirkung auf die anderen Zuhörer bringen sie vielleicht mit einem witzigen Zwischenruf die Lacher auf ihre Seite. Oder sie machen Eindruck mit einer kleinen schauspielerischen Einlage: etwa schwer seufzend im Stuhl zusammensinken und sich dabei klatschend vor die Stirn schlagen. Es mag auch sein, dass sie sich ernsthaft ins Zeug legen und den Redner zum Gespött machen. Oder sie verlassen die Veranstaltung vorzeitig und gehen ins Kino. Was auch immer geschieht – und dies gilt ebenso für die anderen Temperamente –, wer rein gefühlsmäßig und spontan handelt, hat sich seinem Temperament untergeordnet.

Leider schützt einen auch langes Nachdenken nicht davor, sich für das Falsche zu entscheiden. Doch hier geht es nicht um eine moralische Beurteilung oder darum, sein Temperament zu unterdrücken. Natürlich dürfen Phlegmatiker ausdauernd den Mund halten. Natürlich dürfen Choleriker beschließen, ordentlich Randale zu machen – in manchen Situationen mag dies durchaus erfrischend sein. Natürlich dürfen Melancholiker sich resigniert mit einer Flasche Rotwein zurückziehen. Es kommt nicht darauf an, *was* man sich aus dem bunten Allerlei des Gefühlslebens herauspickt, es kommt darauf an, es *bewusst* zu tun. Erst dann ist man nicht mehr die Marionette seines Temperamentes, sondern hält selbst die Fäden in der Hand.

Wer wagte es übrigens, angesichts der geschilderten unterschiedlichen Reaktionen den Stab über unsere vier fiktiven Temperamentevertreter zu brechen und ein Werturteil zu fällen? Hat nicht jedes Temperament auf seine Weise recht? Auf keines könnte man verzichten, ohne den Eindruck zu haben, die Welt sei irgendwie unvollständig zusammengeschustert. Trotzdem werfen Choleriker anderen schnell Gleichgültigkeit und Feigheit vor, sollten sie nicht sofort mit der gleichen Entschlossenheit reagieren wie sie. In phlegmatischen Augen ist dies aber selten mehr als hektischer Aktionismus. Melancholiker dagegen stempeln andere Temperamente gern allgemein als oberflächlich ab, wenn sie die Dinge nicht ähnlich negativ sehen wie sie selbst, und Sanguiniker finden alles, was langweiliger ist als ihre eigenen Ideen, schlicht uninteressant.

> Es gibt keine Fakten, sondern nur Interpretationen.
>
> FRIEDRICH NIETZSCHE

Im Grunde, Hand aufs Herz, können wir Menschen, die anders reagieren als wir selbst, nicht besonders gut leiden. Sie reagieren einfach *falsch!* Dass *anders* nicht dasselbe ist wie *falsch*, leuchtet schnell ein, wenn man die Temperamente näher kennen lernt. Weiß man sie richtig zu nehmen, löst sich auf wundersame Weise mancher Ärger, den man immer wieder mit dem *völlig unverständlichen* Verhalten der lieben Mitmenschen hat, in Heiterkeit auf. Auch die eigenen Gefühle, die uns spontan etwas tun oder sagen lassen, was wir später gar nicht mehr gut finden, erscheinen plötzlich in einem anderen Licht.

Nun kommt es allerdings sehr selten vor, dass wir nur von einem einzigen Temperament tief in der Wolle gefärbt sind. Klänge es nicht etwas verschroben, würde man nicht vom *Choleriker* sprechen, sondern vom *Choleriker in mir.* Meistens steckt in uns eine Kombination von zwei Temperamenten, wobei eines deutlich die Nase vorn hat und somit zum Thema wird, mit dem wir uns ein Leben lang auseinandersetzen müssen. Das dritte Temperament tritt eher in zarten Strähnchen auf, und das vierte ist nur rudimentär vorhanden. Wir alle sind eine so komplexe Mischung aus allen vier Temperamenten, dass es, ähnlich wie bei dem genetischen Fingerabdruck, keine zwei Menschen mit genau denselben Temperamentszutaten gibt. Um jedoch das Typische der einzelnen Temperamente destillieren zu können, müssen wir die vier Rohstoffe möglichst unvermengt herausarbeiten. Fangen wir also an!

Wer kämpft, kann verlieren.
Wer nicht kämpft, hat schon verloren.

Bertolt Brecht

Choleriker

Die hartnäckigen Retter

Choleriker sind unverzichtbar in Zeiten der Gefahr und überhaupt in allen kritischen Lebenssituationen, denn sie retten ausnehmend gerne und haben Ohnmächtige schon fachgerecht in die stabile Seitenlage gerollt, wenn andere noch schreckerstarrt herumstehen. Wenn niemand sich traut, Entscheidungen zu treffen und alles im Chaos zu versinken droht, dann merkt man, was man an ihnen hat. Sie behalten den Überblick, können im Nu Wichtiges von Unwichtigem unterscheiden und zögern nicht lange. Sie meinen sofort zu wissen, was getan werden muss, egal, ob Öl in der Pfanne brennt, ob sich der Hund in einem Kuhfladen gewälzt hat oder ob der schärfste Konkurrent der Firma dieser einen lukrativen Auftrag vor der Nase wegschnappen will.

Choleriker warten auf keine Aufforderung. Sie handeln, als käme gar nichts anderes in Frage. Wenn andere verschämt weggucken, packen sie Randalierer mutig am Schlafittchen. Wenn andere bei Hochwasser noch über nasse Füße klagen, geben sie Anweisungen, wo die Sandsäcke hinsollen. Wenn andere noch weinen und schockiert sind, stellen sie Suchtrupps für vermisste Kinder auf. Sie schnappen sich die tickende Zeitbombe und werfen sie gerade noch rechtzeitig aus dem Zug. Wie selbstverständlich übernehmen sie die Verantwortung und sowieso das Kommando und sind dabei ganz in ihrem Element. Mit anderen Worten: Sie haben von Natur aus Führungsqualitäten und das wissen sie genau. *Folgt mir, Leute! Wer dabei ist, ist dabei!* Mit wehender Fahne eilen sie voran, ohne sich umzuschauen. Es kann schon mal vorkommen, dass hinter ihnen gar keiner ist. *Typisch! Alles Feiglinge, Leisetreter, Warmduscher.*

Nachher – sofern alles gut gegangen ist – danken wir gerührt unseren Rettern und schenken ihnen das halbe Königreich und die Prinzessin dazu. In friedlichen Zeiten allerdings, wenn es nur darum geht, welchen Weg man wann zu Familie Müllers Gartenfest nimmt, kann das bestimmende Gehabe von Cholerikern ordentlich auf die Nerven gehen. Gewiss sind sie auch im Alltag überaus hilfreich in ihrer entscheidungsfreudigen und zupackenden Art und kümmern sich spontan um alle Schäfchen in ihrer Nähe, denn meistens haben sie ein großmütiges Herz. Aber sie kümmern sich auch dann, wenn man gar nicht will, dass sie sich kümmern. Und schon gar nicht, *wie* sie sich kümmern.

Du weißt nie, was in einem Manne steckt, ehe du ihm nicht auf die Nase gehauen hast.
Aus Norwegen

Sie nehmen verdutzten Zugestiegenen im Zug den Kaffeebecher weg mit den Worten: *Den schmeißen Sie ja noch um – nun hängen Sie erstmal Ihren Mantel auf und setzen sich hin,* und sie sind imstande, fremden Menschen in der Schlange vor der Supermarktkasse die Schuppen vom Pullover zu klopfen und dabei lautstark das einzig richtige Shampoo zu empfehlen. Im Restaurant fummeln sie Bierdeckelteilchen unter Tischbeine, bis nichts mehr wackelt, und manchmal stellen sie vor der Bestellung auch noch Salzstreuer, Blumenvase und Speisekartenhalter so um, wie sich das gehört. Ihrer Umgebung teilen sie mit, was man jetzt gerade zur Kenntnis zu nehmen habe, welche Ansicht die richtige sei oder welche Nebensächlichkeiten man keines Blickes zu würdigen habe. Sie urteilen schnell und geben bei jeder Gelegenheit ungefragt Ratschläge. Am liebsten würden sie kontrollieren, ob man sie auch befolgt. Als ich gerade eingeparkt hatte, klopfte ein älterer, mir unbekannter Herr an die Seitenscheibe. Ich öffnete die Tür, um auszusteigen, doch er hielt sie fest. *Wollen Sie auch zum Konzert?* Verdutzt bestätigte ich das. *Sollten Sie keinen Schirm haben,* sagte er darauf, *dann parken Sie besser näher am Eingang. Es regnet nämlich bald!*

Choleriker machen die Sache anderer zu ihrer eigenen, weil sie überzeugt sind, besser als die Betroffenen zu wissen, was gut für sie ist. Und sie können es gar nicht leiden, wenn man ihre brillanten Entscheidungen nicht dankbar annimmt. Schließlich haben sie es ja nur gut gemeint! Viele, besonders die leiseren und zurückhaltenderen Zeitgenossen finden sie oft unsympathisch, obwohl man ihnen dankbar sein müsste für ihre Hilfe, denn sie denken schnell und entscheiden oft richtig. Aber Choleriker werden eher respektiert als geliebt – bei Sanguinikern ist es genau andersherum.

Mit Vorliebe mischen sich Choleriker auch in fremde Streitereien ein. Während Phlegmatiker gar nicht auf den Gedanken kämen, ein Streit unter fremden Leuten hätte irgendetwas mit ihnen zu tun, reagieren Choleriker elektrisiert, als würde das, was um sie herum geschieht, für sie persönlich geschehen. Als ließe ein Halbwüchsiger seine Zigarettenschachtel nicht achtlos hinter sich fallen, sondern um sie zu provozieren, als stürzte der Computer ab, weil Bill Gates ihnen eins auswischen wollte (in Colorado soll ein Gastwirt vor den Augen erschreckter Gäste seinen ungehorsamen Computer gar mit dem Colt erschossen haben). Sie sind es auch, die sich, zum Beispiel, um vom Sturm abgeworfene Äste oder Dachziegel auf dem Bürgersteig kümmern. Als hätten sie ein Mandat der schweigenden Mehrheit des Volkes, dafür zu sorgen, dass alles mit rechten Dingen zugeht.

Schon wieder rennt der Zorn mit dem Verstande davon.

GOTTHOLD E. LESSING

Das Ich eines Cholerikers wankt und wackelt nicht. Es steht aufrecht wie damals die Säulen des Herakles und es ist ganz unmöglich für Choleriker, an der leitenden Position ihres Ichs zu zweifeln. Das käme ihnen vor, als würden sie ihre Existenz in Frage stellen und sie können nur mit Mühe glauben, dass andere Leute nicht so empfinden. Sanguiniker etwa lassen sich spontan von ihren Gefühlen leiten, Phlegmatiker wissen sich eins mit dem Fluss des Lebens, und Melancholiker sehen ihr ebenso labiles wie geliebtes Ich dauergefährdet vor all den Zumutungen dieser Welt. Für Choleriker aber ist der Mensch mit seinem Ich identisch. Ich bin Ich, Körper und Gefühle ordnen sich dem Ich unter und füttern es.

Nicht, dass Choleriker keine starken Gefühle hätten. Diese steigen ihnen im Gegenteil oft genug geradezu katapultierend zu Kopf, aber Wald- und Wiesen-Choleriker, die ihr Temperament durchschnittlich gut im Griff haben, empfinden sich als Supervisoren ihrer Gefühle. Sie haben immer irgendein Ziel vor Augen. Das muss durchgesetzt werden, und dafür nehmen sie alles mögliche in Kauf. Eventuell im Wege stehende Gefühle werden als unbrauchbar identifiziert und verschwinden mit einem einzigen rechten Haken.

Mit Blitzen kann man die Welt erleuchten, aber keinen Ofen heizen.

FRIEDRICH HEBBEL

Während ein Risiko andere meist abschreckt, kriegen Choleriker sofort leuchtende Augen. *Wer gewinnt? Die Angst vor dem Risiko oder ich?* Gewinnen erfrischt! *Ich ordne alles dem Willen unter zu gewinnen,* sagte die Tennisspielerin Steffi Graf in ihrer aktiven Zeit. Seinen Sieg nach einer überwundenen Niederlage erklärte der Radrennfahrer Jens Voigt so: *Du musst auf das Glück einprügeln, damit es zurückkommt!* Ein anderer Leistungssportler sprach von der *Kotzgrenze,* die ihm den eigentlichen *Kick* gäbe. Choleriker lieben den Wettbewerb und sie wollen siegen. Egal, ob privat oder bei beruflichen Scharmützeln. Sagt jemand: *Überleg mal, was alles passieren könnte,* oder *Das haben wir doch nie so gemacht,* fühlen Choleriker sich angespornt, genau das zu tun. Natürlich ist damit nichts über die Qualität des Zieles gesagt. Es liegt vielleicht nur in der Neugier, wie weit man die eigenen Grenzen hinausschieben kann. Sie lieben das Dramatische, den genialen Entwurf, das Alles-oder-Nichts. Nicht kleckern, sondern klotzen. Geht nicht, gibt's nicht. Wenn schon, denn schon. Ein entschiedenes Ja oder ein überzeugtes Nein – getreu nach Friedrich von Logau: *In Gefahr und großer Not bringt der Mittelweg den Tod.*

Die Freiheitskämpfer dieser Welt, Braveheart, Jeanne d'Arc, Washington, Spartakus, Thomas Münzer, Garibaldi, Kosciuszko, Andreas Hofer und wie sie alle heißen, und die kämpferischen Suffragetten, die sich mit der angeblich naturgegebenen Rolle des Weibes nicht abfinden wollten – was können sie anderes gewesen sein als Choleriker? Auch die großen Entdecker und Eroberer der Menschheit – nicht die Tüftler und Erfinder in Werkstätten, an Reißbrettern und in Labors, bei denen es auf geduldiges, sorgfältiges, vielleicht fantasievolles Arbeiten ankommt, sondern die Seefahrer, die sich tollkühn in gefährliche Gewässer und unbekannte Länder wagten, die Händler auf der Seidenstraße, die Dschungel- und Wüstendurchquerer, Francis Drake, der Schrecken der Meere, der Venezianer Marco Polo, der Araber Ibn Battuta, Vasco da Gama, Lawrence von Arabien, James Cook oder Scott und Amundsen, die Helden der Eiswüsten – vermutlich Choleriker allesamt.

Mögen sie mich hassen, wenn Sie mich nur fürchten!

WAHLSPRUCH CALIGULAS

Choleriker sind Willensmenschen. Sie geben nicht auf. Hat sich der Floh im Ohr erst einmal festgesetzt, dann gibt es keine unüberwindlichen Widrigkeiten mehr, sondern nur noch Probleme, die dazu da sind, gelöst zu werden. Für ein Ideal, für ein großes Ziel, riskieren die Dschingis Khans und Oliver Kahns Gesundheit und Ehre und verdrängen körperliche und seelische Schmerzen, und nur sie sind imstande, eine Sache wider alle Wahrscheinlichkeit und im Widerspruch zu allen kopfschüttelnden Bedenkenträgern hartnäckig anzugehen – sei es nun die Eroberung Eurasiens aus der mongolischen Steppe heraus oder ein Sieg der Bayern über Manchester United.

Beethoven, der Choleriker, soll aus Wut über die Nachricht, Napoleon habe sich selbst die Kaiserkrone aufgesetzt, das erste Blatt seiner 3. Sinfonie, der *Eroica,* durchgerissen und darauf herumgetrampelt haben. Wer mit einem Choleriker zusammenwohnt und sich Mobiliar und Porzellan des Haushaltes erhalten möchte, mag sich die folgende Anekdote des bekennenden Cholerikers Oswalt Kolle zu Herzen nehmen. Der in den 50er-Jahren das Liebesleben einer ganzen Gesellschaft verändernde Aufklärer erzählte in einem Interview, er habe in einem Wutanfall einmal den Fernsehapparat aus dem Fenster geworfen. Was geschehen war? Weil er sich über eine Fußballübertragung aufregte, hatte seine Frau gesagt: *Reg' dich doch nicht so auf, das ist doch nur ein Spiel!* Allgemein sind Choleriker sehr schnell erregbar, fühlen sich leicht angegriffen und reagieren auf eine spitze Bemerkung wie ein schlafender Dobermann, der mit einer Stecknadel gepiekst wird.

> Fahre nicht aus der Haut,
> wenn du kein Rückgrat hast.
>
> STANISLAW JERZY LEÇ

Schon der Freiherr von Knigge meinte zu Cholerikern, die ihr Temperament nicht im Griff haben: *Bloß cholerische Leute flieht billig jeder, dem seine Ruhe lieb ist. Ihr Feuer brennt unaufhörlich, zündet und verzehrt, ohne zu wärmen.* Es leuchtet sofort ein, dass die Choleriker von den vier Urelementen das Feuer zugeteilt bekamen. *Feuerkopf* sagen wir zu einem aufbrausenden, unbesonnenen Menschen, oder Hitzkopf. Sie haben Feuer im Herzen und können brennen für eine Idee. Sie wollen mit dem Kopf durch die Wand, sie sind angriffslustig, herrschsüchtig und rechthaberisch. Sie nehmen gerne Drohgebärden ein, und man muss froh sein, wenn sie mit der Faust nur auf den Tisch schlagen. Sie fällen Urteile, ohne sich mit dem Thema intensiv befasst zu haben, fahren anderen über den Mund, nehmen kein Blatt vor denselben und finden immer einen Grund zum Streiten.

Angeblich selbstlos auf der Suche nach hehrer Wahrheit und reiner Gerechtigkeit, geht es ihnen tatsächlich schlicht darum, recht zu behalten und ihre Position als Alphamännchen oder -weibchen nicht aufs Spiel zu setzen. Andere Meinungen werden gar nicht erst angehört, sondern mit lauter Stimme plattgemacht. Sie sind verletzend, großspurig und geltungssüchtig, reden sich selbst in Rage und werden umso hartnäckiger und lauter, wenn sie merken, dass das schlecht ankommt. *Ich kann eben nicht aus meiner Haut,* sagen sie eher trotzig als entschuldigend, dabei

Der Kleine stampfte vor Wut auf die Erde, er ward bleich wie die gekalkte Wand, und seine Zähne knirschten.

JENS PETER JACOBSEN

fahren sie doch tatsächlich besonders leicht aus derselben. Alles und jeder geht ihnen auf die Nerven: Sanguiniker sind kindisch und treulos, Phlegmatiker sind langweilig und feige, Melancholiker sind pedantische Moralisten. Die Blagen tun nie, was man ihnen sagt, Männer sind weinerliche Jammerlappen und die Weiber billige Flittchen. *Ist es nicht zum Kotzen? Wären doch nur alle wie ich und die Welt wäre in Ordnung!*

Normalerweise aber – und hier ist ja weniger die Rede von Extremfällen, sondern von durchschnittlichen Temperamentsstrukturen – haben sich Choleriker natürlich so gut in der Hand, dass man völlig gefahrlos unter ihren Fenstern spazieren gehen darf. Gerade cholerische Menschen, die ja im Beruf oft in verantwortungsvollen Positionen stehen und da schon mal *deutliche Worte* finden und *hart durchgreifen* müssen, sind zuhause so friedlich wie ein satter Löwe in der Mittagssonne. Da ist der Ruheplatz. Da lecken sie sich ihre Pfoten und lassen sich von ihren Liebsten das Fell kraulen. Choleriker verstehen es durchaus zu genießen, mögen repräsentative Gehäuse und können großzügige, ja verschwenderische Gastgeber sein. Für ihre Lieben würden sie natürlich – genau! – *durchs Feuer* gehen. Zwar kann man damit im Alltag wenig anfangen, wohl aber mit ihrer offenen Art, Problemen innerhalb von Familie oder Freundeskreis zu begegnen. Denn sie grübeln oder lamentieren nicht lange herum und halten sich kaum mit Schuldzuweisungen auf. Sie schmollen nicht, sind nicht kleinlich, nicht zickig und nicht nachtragend. Wenn

Wer zürnt, dem reiche kein Messer.
SPRICHWORT

sie nicht durch Leugnen, Drumrumgerede oder Weinerlichkeit gereizt werden, gefallen sie sich in der großmütigen Geste und breiten den Mantel ihrer Absolution über alle reumütigen Sünder aus. Auch neigen sie zu schnellen, pragmatischen Lösungen. Sie machen tatkräftig Nägel mit Köpfen und fassen sofort mit an. Kleinlichkeit ist unter ihrer Würde und – wennschondennschon – halten sie die ganze Kneipe frei. Auch gelten sie als vollblütig und leidenschaftlich und das ist, ausdrücklich sowohl bei männlichen als auch bei weiblichen Cholerikern, besonders in der Liebe gefragt.

Machen Sie sich erst einmal unbeliebt. Dann werden Sie auch ernst genommen.

KONRAD ADENAUER

Ansonsten haben es weibliche Choleriker nicht leicht im Leben, denn das cholerische Temperament gilt allgemein als unweiblich. *Brüllen Frauen, sind sie hysterisch. Brüllen Männer, sind sie dynamisch,* klagte Hildegard Knef. Eine leichtblütige Sanguinikerin lässt man sich gern gefallen, eine verträgliche Phlegmatikerin auch und eine geheimnisvolle Melancholikerin sowieso. Aber einer mutigen Frau, die ihre Meinung sagt, sich durchzusetzen versteht, unaufgefordert die Initiative ergreift und ihren Job besser macht als manche Herren der Schöpfung, gehen viele Männer vorsichtshalber aus dem Weg.

Als alle Männer kniffen, so Helmut Kohl, wagte es 1991 Birgit Breuel, den undankbaren Platz des von der RAF ermordeten Detlev Carsten Rohwedder als Chefin der Treuhand anzutreten. Schon als Ministerin galt Frau Breuel als *der einzige Mann im Kabinett.* Auffällig ist, dass mit denselben Worten ebenso die israelische Regierungschefin Golda Meir, die englische Premierministerin Margaret Thatcher und viele andere Frauen in leitenden Positionen charakterisiert werden. In den Respekt vor der Leistung dieser Frauen, die ihre Posten nie bekommen hätten – zumindest vor der Frauenquote –, wenn sie nicht deutlich qualifizierter als männliche Konkurrenten gewesen wären, mischt sich so auch etwas Herabsetzendes: der Zweifel an ihrer Weiblichkeit.

Egal ob männlich oder weiblich – Choleriker haben Zivilcourage und äußern gern geradeheraus, was sie denken. Aus Versehen tappen sie in kein Fettnäpfchen, nein, sie halten gezielt nach ihnen Ausschau, um entschlossen und beherzt mitten hineinzutreten, denn Verbote reizen sie zum Widerstand – es sei denn, sie hätten sie selbst ausgesprochen. Überhaupt haben sie Schwierigkeiten, irgendeine Art von Grenze zu akzeptieren, sagen Vorgesetzten, was ihnen sonst keiner zu sagen wagte, und finden *political correctness* dämlich. *Ich lass mir doch nicht den Mund verbieten!* Choleriker nennen die Dinge beim Namen. Wenn es um die Sache geht, halten sie sich nicht mit Nebensächlichkeiten auf und erwarten auch von anderen, das Ziel wichtiger zu nehmen als die eigenen *kleinlichen* Empfindsamkeiten. *Ich habe die letzten Jahre kaum jemanden beleidigt, …* sagte der ehemalige Bundeskanzler Helmut Schmidt in einem Interview, ohne mit der Wimper zu zucken, … *und wenn, dann nicht aus Versehen!*

Manche finden ihre Respektlosigkeiten bereinigend, denn sie haben jederzeit die Kraft, verstaubte Gewohnheiten oder eingespielte Kungel-Kumpaneien flächenbrandähnlich zu vernichten. *Damit etwas Neues nachwachsen kann,* sagen sie dann treuherzig in einer stillen Stunde, als sei nur das von vornherein ihre hehre Absicht gewesen. Aber haben sie nicht recht? Braucht der Phönix nicht die Asche, um sich erheben zu können? Feuer und Reinheit sind eng verwandt. Im Fegefeuer der Katholiken werden die armen Seelen schmerzvoll von Sünden gereinigt. *Purgatorium* heißt es auf Lateinisch. *Purus* ist die Reinheit und *pyr* heißt auf Griechisch Feuer. *Pur* bestellt man den Whisky, wenn man ihn rein will, unverdünnt. Wer die cholerische Art eher als taktlos und anmaßend, ja rücksichtslos tadelt, kann sich damit trösten, dass hochprozentige Choleriker selten hinterhältig sind und niemanden heimtückisch vergiften. Sie greifen von vorne an und mit offenem Visier.

Wie kommt man mit solchen Menschen gut aus? Manche sagen ironisch, das Rezept dafür sei leicht: Man tue einfach, was sie sagen, und das so schnell wie möglich. Tatsächlich ist die Sache komplizierter. Zwar mag es sein, dass sich Choleriker erst einmal beruhigen, wenn man ihre Wünsche widerspruchslos befolgt und Ja und Amen sagt, und es ist durchaus möglich, dass sie vorübergehend auch auf geschickte Schmeichler hereinfallen. Respekt auf Dauer gewinnt man bei ihnen dadurch jedoch nicht, denn es gibt kaum etwas, was sie mehr verachten als unterwürfige Menschen ohne Rückgrat. Selbstbewusster Widerspruch dagegen imponiert ihnen und es ist gut möglich, dass sie einem solch Todesmutigen spontan lachend auf die Schulter klopfen und ihm recht geben. Im Allgemeinen aber ist es riskant und ungeschickt, ihnen ausgerechnet während einer mühsam unterdrückten Erregung oder gar während eines Wutausbruches zu sagen, was man von ihnen hält. Viel günstiger ist die Gelegenheit, wenn das Gewitter vorbeigezogen ist. Denn wenn die Wogen geglättet sind, haben sie meist ein schlechtes Gewissen.

Vorsicht! Gift!
Sagen Sie nie zu einem Choleriker:

Nun reg dich doch nicht so auf!

Und was machen wir nach der Orgie?

JEAN BAUDRILLARD

Melancholiker

Die ewig grübelnden Zweifler

Wie kann man nur halbnackt, verschwitzt und vor Vergnügen kreischend in der Runde sitzen und breitbeinig mit Strohhalmen aus Eimern trinken? Da gruseln sich unsere Melancholiker von Herzen, denn zumindest in nüchternem Zustand verabscheuen sie Grelles in jeglicher Form – seien es quietschbunte Farben, sei es dröhnende Musik, seien es ordinäres Gerede und Gehabe. Melancholiker sind anspruchsvoll. Oberflächlichkeit, platte Direktheit oder Aufdringlichkeit sind ihnen unangenehm. Sie fühlen sich zum Außergewöhnlichen hingezogen, zum Feingesponnenen, zu durchdacht Gestaltetem. Ihr Ideal ist das schlechthin Perfekte: das engelsgleich gespielte Solo, der überwältigende Sonnenuntergang, das zugespitzte Bonmot, der zeitlose Sofaklassiker. Im Allgemeinen haben sie diesen *ganz einfachen*

Ich gebe einen Text heraus. Ich höre ihn, sagen wir, leise, gedehnt, ganz zart, ganz fein. Und (...) da steht einer und ... bläst den Text durch ein Megaphon (...) Und darum mag ich kaum noch.

KURT TUCHOLSKY

Geschmack des Oscar Wilde, der ja immer mit dem Besten zufrieden war.

Mit großer Ernsthaftigkeit kneten Melancholiker an ihrem Weltbild, kämpfen mit ihren Überzeugungen und wiegen sorgfältig jedes Für und Wider ab. Melancholiker sind die, die man fragt, wenn's wirklich drauf ankommt, wenn die Fundamente errichtet werden, wenn komplizierte Entscheidungen getroffen und sichere Formulierungen gefunden werden müssen. Sie sind die Grundlagenforscher, die Kopfarbeiter, die Tüftler, die Redigierer und Recherchierer, die *grauen Eminenzen* im Hintergrund, die Weichensteller. Wenn erst die Scheinwerfer aufleuchten, haben sie sich meist rechtzeitig in die Kulissen verdrückt und beobachten von da aus, oft peinlich berührt, die extrovertierten Temperamente, die nun mit breitem Grinsen ein V-Zeichen machen oder selbstsicher und publikumswirksam Sätze in die Mikrophone sprechen, die die Melancholiker ihnen aufgeschrieben haben.

Ich spiele Schach gegen mich selbst; meistens verliere ich, das heißt, ich identifiziere mich mit der verlierenden Farbe, wenn es zum Matt kommt, ohne Diskussion. Wenn ich mich auf die andere Seite des kleinen grünen Tisches setze, bevor die Entscheidung auf dem Brett gefallen ist, so bin wieder ich es, der verliert.

Max Frisch

Sie sind Meister der Taktik – ob auf dem Schachbrett oder auf diplomatischem Parkett, ob im Zahlendschungel von Bilanzen oder im Austüfteln von Lehrplänen. Ausdauernd bohren sie in der Tiefe und schaben noch den kleinsten Krümel aus den entferntesten Ecken. Oft sind sie auch im Privatleben ähnlich penibel. Unsere melancholische Nachbarin bügelte Geldscheine und gebrauchtes Geschenkpapier und reinigte regelmäßig ihre Waschmaschine von innen. Akribisch prüfte sie die kleinste Rechnung. Der Vorwurf des Geizes aber blieb beschämt im Halse stecken, denn sie machte großzügige Geschenke und fand in ihrer sensiblen Art immer genau das, was man sich heimlich gewünscht hatte.

Melancholiker haben ein überaus feines Gespür für zarte Nuancen und leise Töne, für das, was zwischen den Dingen schwingt, für das, was echte Choleriker *Wirklich sehr nett, doch doch!* finden. Sie bemerken tanzende Lichtfleckchen an der Zimmerdecke, die Träne, die an der Wimper zittert, und sie zucken zusammen, wenn der Geiger beim Hohen C eine winzige Unsicherheit zeigt. Stärkere Reize ritzen Haarrisse in ihr fein ausbalanciertes Wohlbefinden und können es gar zum Einsturz bringen. Eine Filterhaut täte ihnen wohl, die unangenehme Sinneseindrücke wirkungslos abtropfen ließe, denn bei soviel Empfindsamkeit kann Schrilles sogar körperliche Schmerzen bereiten. Manche Melancholiker fühlen sich, als sei ihnen ihr Temperament mit einem glühenden Eisen eingebrannt.

Niemals ist mir in den Sinn gekommen, dass ich nicht, auch wenn ich das Dummdreisteste unternähme, siegen würde – nur in einem nicht, sonst unbedingt in allem: aber in dem einen nicht: dieser Schwermut Herr zu werden.

SØREN KIERKEGAARD

Heinrich Böll sagte von sich, er sei *nicht nur mit Melancholie und Kopfschmerz*, sondern noch mit einer anderen, fast mystischen Eigenschaft begabt: er könne *durchs Telefon Gerüche wahrnehmen.* Wunderbar hat es auch der früh verstorbene rumänische Jude Marcel Blecher ausgedrückt: *Zwischen mir und der Welt gab es keine trennende Distanz. Alles, was mich umgab, überfiel mich von Kopf bis Fuß, als wäre meine Haut löcherig gewesen wie ein Sieb.* Sensibilität und Labilität gehören zusammen wie Pat und Patachon. Bei schweren Schicksalsschlägen ist die Grenze zwischen empfindsamen, nachdenklichen, aber stabilen Melancholikern, und solchen, die von schweren Depressionen heimgesucht werden und professionelle Hilfe in Anspruch nehmen müssen, ähnlich löchrig wie die Haut des hypersensiblen M. Blecher. In das Innenleben der Letzteren wollen wir hier nicht eindringen, denn in diesem Buch soll die Rede sein von Menschen mit durchschnittlichen Temperamentsstrukturen. Allerdings ist die Grenze schwierig zu ziehen, denn auch nicht so überempfindliche Melancholiker sind tiefer und nachhaltiger verletzbar als andere Temperamente.

Natürlich können auch Choleriker sensibel sein, aber wenn es ihnen gerade nicht in den Kram passt, schütteln sie Gefühle ab wie ein nasser Hund den Regen. Für Phlegmatiker sind Gefühle angenehme Dauergäste, die wie selbstverständlich zur Kenntnis genommen werden, und für Sanguiniker sind sie so etwas wie Jonglierbälle. Melancholikern aber ist die Luft, die sie atmen, mit dem Erlebten durchtränkt. Es sinkt auf sie nieder. Es dringt von allen Seiten in sie ein. Die Eindrücke können so überwältigend wirken, dass eine diffuse Angst aufsteigen mag, sich hilflos in ihnen zu verlieren. Doch wer will sich schon verlieren? Durchschnitts-Melancholiker bäumen sich auf und sind stark genug, die Angst abzuwehren wie die Jungfrau den Teufel mit dem Kruzifix, denn sie haben etwas Beeindruckendes entgegenzusetzen: ihre Fähigkeit zur unerbittlichen Analyse und die hartnäckige Sehnsucht nach Klarheit. Was hat das Erlebte zu bedeuten? Warum ist es gerade mir geschehen? Muss ich meine Überzeugungen revidieren?

Wenn ich ganz allein mit mir und meinen Noten kämpfe, dann zittert mir das Herz, die Tränen kommen mir, die Freuden sind unsagbar.

GIUSEPPE VERDI

Allerdings: Gründlichkeit dauert! Wenn Melancholiker endlich fertig sind und gerade mit klaren Argumenten nachweisen wollen, dass dieses ganze Such-Indien-Unternehmen gröbster Leichtsinn und absolut irrsinnig sei, hat irgendein draufgängerischer Choleriker in der Zwischenzeit längst Amerika entdeckt. Daran können Melancholiker schier verzweifeln. Gewarnt zu haben, wenn dann doch alles gut geht, ist peinlich genug. Aber gewarnt zu haben und recht zu behalten, wäre auch nicht besser. Kassandra muss Melancholikerin gewesen sein. Das Unglück vorauszusehen, warnen zu können, aber nie erleben zu dürfen, dass sich jemand danach richtet – das ist schon eine grausame Strafe. Gut, man kann sich im Nachhinein damit brüsten, der Einzige gewesen zu sein, der es ja immer schon gewusst hat. Nur will das erst recht keiner hören.

Melancholikern wurde das Urelement Erde zugeordnet. Zur Erde, zur Materie haben sie ein ambivalentes Verhältnis. Sie sehnen sich nach dem Vertrauen gebenden Halt, nach verlässlichen Beziehungen, solidem Boden unter den Füßen. Doch der Boden ist trügerisch, jederzeit kann sich ein Schlund öffnen und alles hinunterziehen. Es gibt Stunden, da fühlen sich Melancholiker wie ausgeliefert an geist-und menschenfeindliche Naturgesetze, der Willkür preisgegeben und bedrängt von der bösen Ahnung, dass jegliches Tun letztlich sinnlos sei. Kommt es dahin, ist alles egal, trostlos, öde, langweilig. Alles ist endlich, nichts ist wirklich etwas wert. Erst als er in der Osternacht einen Engelschor wahrnimmt, ist Faust, der Melancholiker, gerettet. *Die Träne quillt, die Erde hat mich wieder.* Eigentlich hatte er sich gerade umbringen wollen, doch nun löst sich seine Not in Tränen auf. Für die, die noch weinen können, gibt es Hoffnung. Gefahr besteht, wenn das Innerste des Menschen so zerstört ist, dass nur noch Leere zurückbleibt. Im Mittelalter galt die Melancholie, die *acedia,* als Todsünde. Denn die innere Leere, meinte Thomas von Aquin, sei ein Zeichen dafür, dass man sich nicht genug um Gott bemühe. So fülle sich die Leere mit dem Bösen. Dieses Böse ist für den großen Melancholiker Kierkegaard die *Geißel der Langweile.* Wie sie zur

Ich verlange nichts weiter, als glücklich zu sein. Ist es meine Schuld, wenn ich bei allen Dingen nur die Mängel sehe und ihretwegen bedrückt bin, wenn das ganze Leben nichts weiter ist als ein Lüge, eine Kette trügerischer Hoffnungen?

DENIS DIDEROT

Schwester der Angst wird und daraus eine *Kontinuität im Nichts* entsteht, hat kaum jemand bedrückender geschildert als er. Etwas Ähnliches muss Büchner gemeint haben, als er seinen verstörten Lenz fragen ließ: *Hören Sie denn nichts? Hören Sie denn nicht die entsetzliche Stimme, die um den ganzen Horizont schreit, und die man gewöhnlich die Stille heißt?*

Wer nicht in sich selbst begraben sein und zum Außenseiter werden will, muss Konsequenzen ziehen, muss das irrationale Gefühl des Ungenügens als Grundlage seines Wesens akzeptieren und in eine Herausforderung verwandeln. Grübeln erklärt, aber es befreit nicht. Ein konstantes Gefühl der Unvollkommenheit sah Diderot gar als das Eigentliche der Melancholie an. So zähmen Melancholiker das Bedrückende, indem sie sich konkrete Aufgaben stellen. Er male, sagte Cézanne einmal, um sich zu *entlangweilen*. Nicht, dass sich Melancholiker einbildeten, mit ihrem Tun die Welt verbessern zu können. Doch im Tätigsein können sie den vergänglichen Leib, dessen Sterblichkeit ihnen immer gegenwärtig ist, als Stütze empfinden für den Mut, sich auf das Leben einzulassen. Also pflegen die melancholischen Grenzgänger schon aus Notwehr einen märchenhaften Garten oder exquisite Kochkünste, sind raffinierte Computer-Spezialisten, fotografieren meisterhaft, ringen um

Auf der einen Seite möchte ich nicht allein sein, auf der anderen sind mir alle zuwider. Weil mir alles zuwider ist. Es dringt von außen auf sie ein und auf mich ein, die Abneigung und die Unmöglichkeit.

THOMAS BERNHARD

den einen, den einzigen, den wirklich passenden Ausdruck, spielen *stümperhaft* Klavier – wenn es nicht klingt wie bei Rubinstein oder Gulda, halten sie es immer für stümperhaft –, engagieren sich für die Künste, opfern sich für die Benachteiligten dieser Welt oder sammeln zentralburmesische Fingerknüpfdeckchen der Zwischenkriegszeit – auf jeden Fall tun sie es mit hohem Anspruch und Hingabe.

Die Schwermut ist die Beunruhigung des Menschen durch die Nachbarschaft des Ewigen.
ROMANO GUARDINI

Dennoch: Es reicht nicht, es ist nie wirklich genug. Melancholiker wissen immer, wie etwas sein müsste, wenn es perfekt wäre. An diesem glänzenden Idealbild messen sie sich und andere. Kein Wunder, dass es bei diesem Anspruch viel zu kritisieren gibt, ja, dass man an den hässlichen Armseligkeiten des Lebens, an der bräsigen Selbstzufriedenheit einiger Zeitgenossen mit ihren stümperhaften Fähigkeiten schier verzweifeln könnte und einem das Gackern der Spaßgesellschaft über irgendein lächerliches Ei den Schlaf raubt. Man leidet, man zermürbt sich und irgendwann traut man sich auch selbst nichts mehr zu. Schon ein morgendlicher Pickel auf der Nase mag dann ein weiterer Beleg für die Unvollkommenheit der menschlichen Rasse überhaupt und des eigenen Daseins im Besonderen sein, denn zwischen dem Einzelfall und dem Allgemeinen haben Melancholiker eine Standleitung eingerichtet. Haltung und Gang älterer Melancholiker wirken oft so, als hätten sie ein Leben lang einen zentnerschweren Sack auf den Schultern getragen.

Diejenigen unter den Melancholikern, mit denen schlecht Kirschen essen ist, lassen andere unter ihren Stimmungen leiden, kritisieren, schulmeistern und mokieren sich über alles, dem sie nicht persönlich das Prädikat wertvoll verliehen haben.

Wie leicht, ach, gerät man doch zwischen die eine Angst, dass etwas passieren könnte und die andere Angst, dass es nicht passieren könnte.

Kurt Marti

Etwas kennen lernen und es beurteilen ist eins. Je begeisterter jemand etwas erzählt, desto intensiver suchen sie nach einem Stolperstein und spülen ihn aus dem Fluss der Erzählung heraus wie ein Goldwäscher die Nuggets aus dem Sand. Ist ihnen das gelungen, können sie eine gewisse Genugtuung darüber kaum verbergen. Menschen, die eine Sache positiver sehen, wird spitz bedeutet, sie seien offenbar nicht fähig, die Tiefe der Angelegenheit zu erfassen.

Der gelehrte italienische Dichter Leopardi war überzeugt, wer das Leben liebe, könne nur oberflächlich sein. Dem tiefen Denker müsse es angesichts der trostlosen Wahrheit wie Schuppen von den Augen fallen. So teilte er die Welt in *mittelmäßige Geister* – damit meinte er die Hoffenden und Fröhlichen – und in *große Geister*, nämlich die Deprimierten, die Verzweifelten, die Gefühllosen. Leopardis Landsmann Casanova drückte es noch unverblümter aus: *Nur die Dummen haben das Privileg, sich nicht zu langweilen.* In der Geschichte der Melancholie findet man ähnliche Gedanken in vielen Variationen. Bei den *mittelmäßigen Geistern*, also den nicht-melancholischen Typen, halten sich die Sympathien für dieses Menschenbild verständlicherweise stark in Grenzen. Schockierend, wenn nicht gar widerwärtig, empfinden diese auch ein Nebenfach der schweren Melancholie, nämlich das lustvoll-zynische Kokettieren mit Tod, Verfall und Lebensekel. Dazu gehört das Schwelgen in Selbstmordphantasien und das Baden in Untergangsszenarien, das sich darin gefällt, die gesamte Menschheit als Krebsgeschwür am Körper der Natur zu betrachten. Dabei ist dieses Verhalten vielleicht nur eine der vielen Möglichkeiten, eine aufs Tiefste zermürbende Todesangst zu bewältigen. Im 16. Jahrhundert zum Beispiel half dabei ein kleines Skelett, ein aus Lindenholz geschnitzten *Tödlein*, das man in der Hand verschwinden lassen konnte. So hatte man den Tod in der Hand und fühlte sich ihm weniger ausgeliefert.

Aus innerstem Bedürfnis erarbeiten sich Melancholiker ein Gerüst aus vielfach reflektierten Überzeugungen, aus Bewährtem und Erprobtem. Das soll das erdbebensichere Haus ihres Lebens sein. Aus Angst davor, das Gerüst könnte sich als Kartenhaus entpuppen, wehren sie Neues, Unbekanntes so brüsk ab, als sei es die eine Karte, die alles zum Einsturz bringen kann. Verständlich also, dass es vielen Melancholikern schwer fällt, das, was auf sie zukommt, zunächst einmal wertfrei zu betrachten. Alles beziehen sie sofort auf sich und probieren, ob es sich an ihrem inneren Gerüst sicher einhaken lässt. Eine fremde Weltanschauung? In eine andere Stadt ziehen? Mit Koffer zum Flughafen fahren und eine Last-Mi-

> Denn das Schöne ist nichts als des Schrecklichen Anfang.
>
> RAINER MARIA RILKE

nute-Reise antreten? In eine unvertraute Meinung eintauchen und sie vorurteilsfrei auf sich wirken lassen? Da wehren sie brüsk ab. Man könnte doch einen Fehler machen!

Passiert Cholerikern ein Fehler, ärgern sie sich ordentlich über sich selbst und wischen ihn dann mit einer Handbewegung weg. *Wo gehobelt wird, fallen Späne*, sagen sie. Sanguiniker machen unschuldige Augen: *Was für ein Fehler?*, und Phlegmatiker finden es nicht weiter beunruhigend, dass unter den vielen Fehlern, die täglich auf der Welt geschehen, auch einer von ihnen persönlich dabei ist. Für Melancholiker aber ist ein Fehler dasselbe wie eine Niederlage, die sie unbedingt vermeiden wollen. Wenn dieser Wunsch zur Lebensmaxime werde, so schreibt Henning Köhler in *Vom Rätsel der Angst*, komme der Mut mehr und mehr abhanden. So sei Mut zuerst *Mut zur Niederlage.* Wem dieser Mut fehlt, lässt sich ungern auf Unbestimmtes ein, jongliert niemals leichtsinnig mit den Dingen herum und kann auch nicht fünf gerade sein lassen. Melancholiker sind oft konservativ. Um Neues zulassen zu können, müssen sie sich in einem schmerzlichen Willensakt das Vertraute abreißen wie Haare mit einem Wachspflaster.

Zart Gedicht, wie
Regenbogen,
wird nur auf dunklen
Grund gezogen.
Darum behagt dem
Dichtergenie
Das Element der
Melancholie.

JOHANN W. V. GOETHE

Kein Temperament hat solche Schwierigkeiten mit sich selbst. Wie gern wären sie manchmal so leichtfüßig und kontaktfreudig wie Sanguiniker, aber *diese Oberflächlichkeit! Dieser Leichtsinn!* Manchmal würden sie gerne so couragiert handeln wie Choleriker, aber *diese Großspurigkeit! Diese platte Direktheit!*, oder gleichmütig und zufrieden sich dem Leben hingeben wie Phlegmatiker. Aber diese sind ihnen nicht feinsinnig genug, *zu uninspiriert und dröge*. Dann schon lieber melancholisch. *Ach, ja*, sage Siegfried Lenz immer dann, wenn ein Satz zu Ende sei, schrieb sein Biograph Maletzke. Man hat ja sowieso keine Wahl. Und ach, Schwermut kann doch auch ganz schön sein! Macht sie einen nicht irgendwie interessanter? *Die Aura des Fremdlings behagte ihm*, schrieb seine Witwe Brigitte über den ehemaligen Bundeskanzler Willy Brandt, *wie alle In-sich-Gekehrten mochte er das Gefühl, dass andere an ihm herumrätselten*. Ausgeglichene Melancholiker können sich jederzeit zurückziehen in ihr reiches Innenleben. Sie feilen an einer Kurzgeschichte oder an einem anmutigen Gedicht über einen Vogel, dem man die Federn gestutzt hat, aquarellieren ihr Rosenbeet oder komponieren eine zarte Melodie in Moll.

Man sehnt sich und darbt, ist ohne eine rechte Hoffnung, die Trost böte; nein, was für bittere Tränen mich das manchmal gekostet hat! Das kommt so unfassbar schwer und verzehrend über einen, da wird man siech am Herzen, man wird so müde, über all das nachzudenken, und wünscht sich, nie geboren zu sein.

Jens P. Jacobsen

Denn die Melancholie ist ohne Frage die Muse der Künstler. Der Anteil an Melancholikern am kulturellen Leben ist dermaßen dominant, dass man sich fragen muss, was eigentlich von der Kultur übrig bliebe, würde man ihre Beiträge abziehen.

– …henden Talenten begnadete Melancholiker …in Ventil für alles, was sich bedrückend in … zusammenballt. Schon aus Selbsterhal…trieb machen sie sich daran, all das in entsprechende Formen zu gießen – seien es Kompositionen, seien es Grafiken, Bilder oder Statuen, seien es Lyrik oder Prosa. Wilhelm Busch brachte es in seiner typisch tragikkomischen, vermutlich melancholischen Art auf den Punkt: *Wie wohl ist dem, der dann und wann sich etwas Schönes dichten kann.* Es scheint, dass die Beschäftigung mit der Kunst selbst ein Antidepressivum ist. Und natürlich schwimmt die Künstlerseele in zu viel *schwarzer Galle*, eben jener Veranlagung der Milz, die man schon in vorchristlicher Zeit als Grundlage des melancholischen Temperamentes ansah. Später kam noch der Einfluss des Saturns ins Spiel, der auch in dem ebenso häufig wie kreativ interpretierten Blatt *Melancolia I*, das Dürer 1514 stach, am Himmel steht.

Über den Sinn des Lebens: Den gibt es für mich nicht. Ich halte das Leben aus (…), indem ich in meiner künstlerischen Tätigkeit einen Zusammenhang herstelle. Sonst würde ich nicht leben.

Anselm Kiefer

Wie eine Schauspielerin, die ihr Aussehen nach Belieben zu ändern vermag, zieht die Künstlerin Melancholie durch die Jahrhunderte und Kulturen. Mal war sie der Superstar, mal waren die Kritiken schlecht, mal musste sie sich mit Nebenrollen begnügen, mal galt sie als Sünderin, mal als avantgardistisch, mal als Antipodin der Aufklärung. Ob sie sich asketisch Sackleinen überwirft, sich wunderliche Clownsnasen aufsteckt, sich in extravagante

Gewänder hüllt – letztlich ist sie immer dieselbe. Immer war und ist sie begleitet von Erfahrungen der Entfremdung und Sinnlosigkeit, von Resignation, Selbstironie, Hypochondrie und Todesvernarrtheit. Sie ist der rote Faden, der schon die frühsten Zeugnissen von Literatur durchzieht. Auch in der Musik lassen sich die typischen Stimmungen der vier Temperamente wunderbar wiedergeben und etliche Komponisten haben nicht nur die stets bevorzugte melancholische Stimmung eingefangen, sondern gleich allen vier Temperamenten Stücke gewidmet, unter ihnen Hindemith, Krachtowil mit einem Chorwerk, der Däne Nielsen oder Carl Maria von Weber mit *Die Temperamente beim Verlust der Geliebten.* Da gibt es den *Leichtmütigen* (sanguinisch), den *Schwermütigen* (melancholisch), den *Liebewütigen* (cholerisch) und den *Gleichmütigen* (phlegmatisch).

Auch ihren Namen wechselte die Melancholie oft. In Deutschland gibt sie sich auch als *Weltschmerz, Schwermut, Lebensangst* oder *Depression* aus. Dante nennt sie *la grande tristezza* und sein Landsmann Petrarca *Süße Pest.* In Frankreich heißt sie *ennui, tristess,* oder *maladie du siècle.* Wenn ein gewisser McGowan eine Erdnuss elf Kilometer weit mit der Nase rollt, wenn Oscar Wilde mit einem Hummer spazieren geht oder Patricia Highsmith auf einer Party mit einem großen Kopf Salat auftritt, an dem lauter Schnecken nagen, dann handelt es sich natürlich um eine exzentrische englische Variante der Melancholie, den *spleen.* Interessanterweise ist dies der englische Ausdruck für die Milz, die Produzentin eben jener Art von schwarzer Galle, die nach der Galenschen Säftelehre den Melancholikern ihr Temperament bescheren soll. Um

1600, als Shakespeare mit seinem *Hamlet* den Urtyp des ewig Sinnierenden und Zögernden schuf, hatte der *spleen* noch einen ernsteren Anstrich. Mit dem Beinamen *Elisabethanische Krankheit* war er Ausdruck für eine pathologische Schwermut, die oft genug überging in Alkoholismus, Drogenabhängigkeit und andere Formen von Selbstzerstörung. Sie entspricht im Großen und Ganzen dem heutigen Fachbegriff Depression.

Einer Zeitung, die nur die positiven Nachrichten brächte, blieben schnell die Abonnenten weg und Romane über rundum zufriedene Protagonisten wären zum Einschlafen. Das ist wohl der wichtigste Grund dafür, dass kein anderes Temperament die literarische Zunft aller Zeiten (und ihre Leser) mehr fasziniert hat als die komplizierte Melancholie, und das gilt für die Thematik und ganz besonders für das Temperament der Dichter selbst. Schwermütiges gilt wie selbstverständlich als wertvoller und seriöser. *Wen das Schicksal zur Tragödie ausersah,* schreibt Wolf Schneider in *Die Sieger*, der fände leichter einen Biographen und bekäme im Lexikon *mehr Zentimeter zugeteilt.* Ein weiterer Grund mag sein, dass Melancholiker sich nur von anderen Melancholikern wirklich verstanden fühlen und sie sich daher gegenseitig interpretieren, zitieren und loben. Die hochprozentige Melancholikerin Susan Sontag beschäftigte sich intensiv mit Werk und Leben des hochprozentigen Melancholikers Walter Benjamin und dieser

Ich weiß nicht, was soll es bedeuten, dass ich so traurig bin. Ein Märchen aus alten Zeiten, das geht mir nicht aus dem Sinn.

HEINRICH HEINE

schrieb mehr als zehn Jahre lang an einer Biographie über den hochprozentigen Melancholiker Baudelaire.

Kunst entsteht oft aus innerer Not. Hilde Domin setzte ihrer Schwermut das *Dennoch* eines jeden Buchstabens entgegen. Das Glück jedoch, so heißt es, *ist gedankenlos.* Und kann man sich vorstellen, ein noch so talentierter Mensch schüfe weltbewegende Werke, wenn er sich rundum pudelwohl fühlte, pumperlg'sund und wunschlos glücklich wäre? Nein, dazu muss man schon grübeln, sich sehnen, sich martern, an sich zweifeln und leiden. *Wer will schon einen Dichter mit gesundem Menschenverstand?*, fragte augenzwinkernd der japanische Filmemacher Hayao. Meist sind es die etwas kleineren Künstler, die sich kauzige Schrullen in der Absicht zulegen, dann zumindest genial *zu wirken.* Das hatte ein Lord Byron nicht nötig, und sein Urteil: *Wir in dieser Zunft* (damit meinte er die Dichter) *sind alle verrückt* ist natürlich völlig überzogen. Hätte er *verrückt* durch *melancholisch* ersetzt, träfe es eher ins Schwarze. Würde man die berühmten Poeten nennen, die *nicht* melancholisch sind, könnte man sie wohl an zehn Fingern abzählen. Zu Beginn des 17. Jahrhunderts schrieb Robert Burton seinen Klassiker über die Melancholie, *um sie mir mit dieser Unternehmung vom Leibe zu halten.* Doch 1.300 Seiten reichten nicht aus – Burton beging Selbstmord. Um nicht selbst auch in die Nähe dieses traurigen Endes zu gelangen, wollen wir hier gar nicht erst versuchen, ein Kompendium über melancholische Temperamente unter Autoren, ihren Romanfiguren oder in der allgemeinen Färbung der Texte zusammenzustellen.

Alle Dinge auf Gottes weitem Erdboden haben eine helle und eine dunkle Seite. Melancholiker haben einen besonderen Blick für die dunkle. Sie erkennen das Krankhafte an der hysterischen und maßlosen Jagd nach Karriere, Geld und Titelbildschönheit, weil sie grundsätzlich auch unter die lackierte Oberfläche schauen. Sie demaskieren Demagogen und Dilettanten und entlarven die hochtrabenden Pläne von Schwätzern und Schönrednern als Hirngespinste. Sie machen sich nicht gemein. Das ist einer der Gründe, warum sie andere Menschen oft irritieren. Sie bleiben kühl, wenn eine aufgebrachte Menge schon *Kreuziget ihn!* skandiert oder wenn eine große Fan-Gemeinde jubelnd und schunkelnd im Begeisterungstaumel versinkt. Melancholiker sind die kritischen Geister, die sich keine Illusionen machen. Sie warnen, sie geben hartnäckig zu bedenken, und sie holen die Leichtsinnigen auf den Boden der Tatsachen zurück.

Vorsicht! Gift!
Sagen Sie nie zu einem Melancholiker:

**Na? Nun lach doch mal wieder.
Ist doch alles nicht so schlimm!**

Ich sage euch: man muss noch Chaos
in sich haben, um einen tanzenden Stern
gebären zu können.

FRIEDRICH NIETZSCHE

Sanguiniker

Die geselligen Gefühlsmenschen

Sanguiniker haben all ihre Sinne wie Antennen ausgefahren. Offen und neugierig fangen sie Eindrücke ein und lassen sie wirbeln und flittern wie einen Konfettiregen auf der 5th-Avenue. Hier picken sie sich ein Bonmot heraus und da taumelt ihnen wie von selbst eine originelle Idee zu, und manchmal sind sie dann so begeistert über die Entdeckung, dass sie nicht mehr wissen, wo sie ihren Wagen geparkt haben, oder den Hund vorm Supermarkt vergessen. Sanguiniker schweben immer eine Daumenbreite über dem Boden. Selbst die Schwergewichte unter ihnen bewegen sich oft so lebhaft und tänzelnd, als hätten sie Flügel. Seit alters her hat man Sanguinikern das Urelement Luft zugeordnet. In der Sprache ist dieser Zusammenhang noch deutlich, denn man nennt sie schon mal *Bruder Leichtfuß*, *Luftikus*, *Luftgeist* oder *Luftkutscher* – wohl wegen der Leichtigkeit, mit der sie durchs Leben ziehen, und weil sie, wie der Wind, nicht recht zu fassen sind.

Sanguiniker reagieren spontan und denken und handeln aus dem Bauch heraus. Es geht zu wie beim Wettlauf zwischen Hase und Igel: Bevor der Verstand hechelnd die Ziellinie erreicht, war das Gefühl schon längst da. Manche hochintelligenten Sanguiniker wollen unbedingt den Hasen siegen sehen, aber es liegt in ihrer Natur, dass sie es selbst mit hartnäckigem Training höchstens zu einem Brust-an-Brust-Zieleinlauf bringen. Gerade um diese Fähigkeit werden sie von kopflastigeren oder auch nur schwerfälligeren Mitmenschen beneidet, denn wer wünschte sich nicht, Kopf und Herz, Geist und Seele so eng zusammenzubringen?

Phantasie ist etwas, was sich manche Leute gar nicht vorstellen können.

Gabriel Laub

Erlebnisse, die an einem Phlegmatiker abperlen wie Regentropfen auf Plastiktüten, lösen bei Sanguinikern ein Feuerwerk von Assoziationen aus – mit Goldregen, Flittersternen und Silberschweif. Sie bemerken Ereignisse, die nur einen Wimpernschlag lang dauern, aber nie würden sie zu einem Augenblick sagen: *Verweile doch, du bist so schön,* denn der nächste Augenblick könnte ja noch interessanter sein und der nächste erst, und ach, der übernächste. Wie kann man sich nur mit einer einzigen Sache beschäftigen, wo es doch so viele aufregende Dinge gibt! Starre Gesinnungen, stählerne Weltbilder oder komplizierte philosophische Theorien sind et-

Gegen Zielsetzungen ist nichts einzuwenden, sofern man sich dadurch nicht von interessanten Umwegen abhalten lässt.

Mark Twain

was für andere Leute. Wenn Sanguiniker überhaupt einen ehernen Standpunkt haben, dann den, keinen zu haben. Was sie allerdings gar nicht mögen, das ist Intoleranz. In diesem Punkt können sie sehr intolerant sein.

So erproben sich Sanguiniker an vielem. Für ihr Temperament ist es ganz typisch, nicht eine einzige Spezialbegabung zu haben, sondern mehrere gute Gaben. Über Sir Peter Ustinov, Paradebeispiel eines Sanguinikers, schrieb Gerhard Stadelmeier in der F. A. Z., er sei ein *Eigendarsteller in einem Multiunternehmen namens Ustinov* gewesen. Und: *Er war alles. Vor allem komisch. Er war nur kein Genie. Dafür hatte er zu viele Talente.*

Wirklich umfassend vertiefen Sanguiniker gerade mal diejenigen Themen, die für ihre jeweiligen Lebensaufgaben unabdingbar sind. Mit gründlichem Nachdenken halten sie sich jedenfalls nicht allzu lange auf. Sanguiniker sind Welle *und* Punkt und tanzen am liebsten auf mehreren Hochzeiten gleichzeitig, indem sie auch gegensätzliche Thesen unter einen Hut bringen. Mal haben sie mit dieser ein Stelldichein, mal mit jener. Verlangt jemand eine Grundsatzentscheidung von ihnen, versuchen sie, diese bis zum Sankt Nimmerleinstag hinauszuzögern. Es fällt ihnen schwer, die Spreu vom Weizen zu trennen oder gar einer Angelegenheit die absolute Priorität zuzumessen. Da sie Erlebnisse oft nur sammeln, ohne Sinnzusammenhänge zu knüpfen, kann es passieren, dass sie in Trivialitäten stecken bleiben oder sich verzetteln. Der kritische Kant meinte daher, Sanguinikern mangle es an Tiefe. Das könnten Sanguiniker aber eher akzeptieren, als der Langeweile ausgesetzt zu sein. Langeweile ist wirklich das Letzte und darum lesen Sanguiniker am liebsten drei Bücher gleichzeitig, damit man immer umspringen kann, wenn es zu langweilig wird.

Vor allem die weiblichen Sanguiniker können das gesamte Gefühlsspektrum zwischen himmelhoch jauchzend bis zu Tode betrübt mitempfinden und körperlich ausdrücken. Sie freuen sich neidlos mit anderen wie die Schneekönige (zumindest erwecken sie diesen Eindruck), sie fallen anderen spontan um den Hals, sie werfen beim Lachen den Kopf zurück, und, wenn sie sitzen, schon mal die Beine in die Höhe. Nehmen sie teil am Kummer anderer, können sie, so sie das wollen, in Nullkommanichts die Tränen kullern lassen. Lachen und Weinen schaffen sie nahezu gleichzeitig, und wenn man genau hinschaut, sieht man den Regenbogen über ihren Köpfen. Unsere kultivierten und gründlichen Melancholiker können in diesem Verhalten nur platte Oberflächlichkeit erkennen, für die sie wenig mehr als Ironie übrig haben. Die einen oder anderen hätten aber gern ein Scheibchen von der sanguinischen Sorglosigkeit und betrachten wehmütig die Fähigkeit, sich über Nebensächlichkeiten so freuen zu können.

Ein Optimist ist ein Mensch, der alles halb so schlimm oder doppelt so gut findet.

HEINZ RÜHMANN

Sanguiniker haben mit Melancholikern gemein, schon auf kleinste Erschütterungen sensibel wie Seismographen zu reagieren. Doch anders als jene registrieren sie vornehmlich die angenehmen Seiten der Dinge. Am liebsten flattern sie spontan dahin, wo sich gerade eine Blüte geöffnet hat und es besonders verführerisch nach Honig riecht. Sie leben in der Gegenwart und je hochprozentiger das Temperament, desto eher ist Vergangenes *aus den Augen, aus dem Sinn.* Sanguiniker sind immer neugierig und sie lieben Überraschungen. Damit das Leben auch Gelegenheit hat, solche entstehen zu lassen, buchen sie keine Pauschalreisen, sondern lassen zu, dass die Dinge sich entwickeln. Leichtherzig verzichten sie auf Perfektion und fädeln sich lieber eine Perlenkette aus lauter Improvisationen. So entstehen kleinere oder größere Abenteuer, die spontane Reaktionen erfordern, über die man staunen, an denen man sich erproben, und, vor allem, die man anderen erzählen kann.

> Originalität ist die Kunst, sich Bonmots zu merken und zu vergessen, von wem sie stammen.
>
> DANNY KAYE

Denn Sanguiniker haben meistens eine natürliche Sensibilität für Sprache und Bewegung. Zur Erleichterung aller Phlegmatiker und Melancholiker, denen man eine Pistole auf die Brust setzen müsste, übernehmen sie freudig bei Goldenen Hochzeiten und runden Geburtstagen die üblichen Sketche und steigen freiwillig bei Faschingsfesten in die Bütt. Dann stecken sie sich eine Feder an den Hut oder pfeifen (mit der Frau des Potifar) *auf die Sittsamkeit* und machen sich *'nen Schlitz ins Kleid.* Sanguiniker können ungemein anregend sein und unterhalten ganze Gesellschaften mit skurrilen Schilderungen, bei denen sie *vom Hölzken aufs Stöcksken* kommen, wie der Sauerländer sagt. Manchmal begeistern sie mit genialen Geistesblitzen und manchmal verheddern sie sich peinlich in Albernheiten, aber sie sind voller Phantasie und meistens originell. Im Gegensatz zu Phlegmatikern, die keine Geschichte zweimal erzählen, wiederholen sie sich unbekümmert. Dennoch hört sich das Erzählte immer wieder anders an, weil sie spontan etwas dazuerfinden oder umbauen. Hauptsache, es kommt gut an. Auch als Redner sind sie gefragte Leute, denn *ein guter Redner muss etwas vom Dichter haben, darf es also mit der Wahrheit nicht ganz mathematisch genau nehmen,* meinte der wohl cholerisch-melancholische Bismarck, dem man so einen Satz kaum zugetraut hätte.

In ernsthaften Diskussionen allerdings ist eine ungezügelte sanguinische Spontanität trotz schneller Auffassungsgabe nicht unbedingt gefragt. Sie halten sich ungebührlich lange auf Nebenschauplätzen auf, jedenfalls dann, wenn ihnen zu dem jeweiligen Thema assoziativ gerade etwas Launiges einfällt. Logisches, gar analytisches Denken, müssen sie sich gezielt beibringen und Widersprüche fächeln sie mit leichter Hand großzügig hinweg. Macht sie jemand darauf aufmerksam, finden sie das stieselig und murmeln etwas von *engstirnigen Bedenkenträgern.*

Das Leben ist bezaubernd, man muss es nur durch die richtige Brille sehen.
ALEXANDRE DUMAS

Probleme lösen auf sanguinische Weise geht übrigens so: Man schildert alles mit Inbrunst und beiden Händen, spricht schmerzliche Erkenntnisse aus, erzählt alles noch einmal von einer anderen Seite her, übertreibt gewaltig, regt sich ordentlich auf, und erzählt alles ein weiteres Mal von einer anderen Seite her. Dann leiht man sich ein Taschentuch, putzt sich die Nase, und herzend und tätschelnd verträgt man sich wieder und bestellt zur Versöhnung den allergrößten Eisbecher mit Sahne oder die allergrößte Flasche vom allerbesten Champagner. Bei Liebespaaren folgt eine allertollste Nacht. Dann trennt man sich höchst befriedigt über diesen intensiven, aufregenden zwischenmenschlichen Austausch, behält das Erlebte in bester Erinnerung und erzählt sofort all seinen Freunden davon. Das können wir bald wieder so machen. Und was war nochmal das Problem? Unsere ergebnisorientierten Choleriker können das überhaupt nicht verstehen. Für sie muss bei soviel investierter Zeit zumindest der fest bekundete Wille herausspringen, etwas ändern zu wollen. Denn sonst wäre das ganze *Gedöns* schließlich überflüssig, oder?

> Sie führen sich auf, sie erfinden sich; in ihrer Nähe liebe ich's, dem Leben zuzuschaun, – es heilt von der Schwermut.
>
> FRIEDRICH NIETZSCHE

Wenn man bei einer Geselligkeit schon im Flur jemanden lachen und reden hört, Melancholiker würden es *dröhnen* nennen oder *trompeten*, bevor man die Person überhaupt zu Gesicht bekommen hat, darf man sich auf einen Sanguiniker gefasst machen. Sie putschen die langweiligste Party auf und machen schon durch ihr bloßes Erscheinen jeden Raum etwas heller. Psychologen haben ausgerechnet, dass Menschen sich dreimal häufiger auf einer emotionalen Ebene miteinander verständigen als auf einer rationalen. Jugendlichen Sanguinikern fällt das besonders leicht. Unbekümmert, heiter und an jedem interessiert gehen sie auf fremde Menschen zu und das öffnet ihnen Herzen und Türen, vor allem, weil sie sich fremden Meinungen und Grundsätzen elastisch anpassen können. Schnell zeigen sie sich beeindruckt, machen große Augen und staunen: *Nein, wirklich? Ach! Das wusste ich ja gar nicht!* Kommt dann jemand anderes und sagt das Gegenteil, geben sie sich auch davon sehr beeindruckt, was keineswegs heißt, dass sie es tatsächlich sind. Sanguiniker passen sich den jeweiligen Situationen, aktuellen Meinungen und gesellschaftlichen Gepflogenheiten elastisch an und schlürfen bei Bedarf auch mit tief betroffenem Blick aus dem Cocktailglas der jeweiligen Zeitgeistthemen. Einerseits sind sie wirklich an anderen Menschen interessiert, andererseits wollen sie beeindrucken und vor allem wollen sie gefallen. Sympathien gewinnt man allerdings nicht, indem man selbst brilliert, sondern indem man zeigt, wie brillant man den anderen findet – das wissen Edel-Sanguiniker ganz genau. Wenn Sie also jemanden in Gesellschaft leise bis drei zählen hören, handelt es sich um einen solchen: Er hat sich in die Pflicht genommen, nur jedes dritte Döneken zu erzählen, das ihm in den Sinn kommt.

Diplomatie heißt, die hässlichsten Dinge nett zu sagen.

ISAAC GOLDBERG

Geht es um Freundschaften, sind Sanguiniker gespalten. Einerseits schließen sie in ihrer Offenheit mit Vorliebe und nahezu täglich jene Art von Freundschaften, bei denen es nicht sicher ist, ob man sich am nächsten Tag noch an den Namen des neuen Freundes erinnert. Andererseits gibt es kaum Sanguiniker, die sich nicht einer oder mehreren Gruppen von Gleichgesinnten mit

Haut und Haaren zugehörig fühlen, sich da als treue, empathiebegabte Freunde erweisen und jeden wegbeißen, der es wagt, die Überzeugungen dieser Gruppe anzugreifen, egal, ob er recht hat oder nicht.

Sanguiniker sind auch schnell und gern hilfsbereit. *Kein Problem!*, sagen sie, und *Das mache ich doch gerne!*, und *Klar schaff ich das!* Jedenfalls haben sie die besten Absichten – mindestens für zehn Minuten. Ein starker Wille oder Durchhaltevermögen sind hochprozentigen Sanguinikern nicht gerade in die Wiege gelegt worden. Wirft man ihnen aber vor, ihr Versprechen nicht gehalten zu haben, sind sie sofort bereit, sich zu entschuldigen. Genussvoll raufen sie sich die Haare und malen aus, wie schlimm sie sind, woher es kommt, dass sie so schlimm sind, und erfinden aus dem Stegreif mehrere Variationen von Begründungen. Und während sie sich noch mit der flachen Hand an die Stirn klopfen und *mea culpa* klagen, spürt man schon, wie hinreißend sich diese geborenen Schauspieler finden in ihrer dramatischen Rolle, für die sie am liebsten Szenenapplaus einfordern würden.

> Viele Leute glauben, wenn sie einen Fehler erst einmal eingestanden haben, brauchen sie ihn auch nicht mehr abzulegen.
>
> Marie von Ebner-Eschenbach

Mit diesem Auftritt, so meinen sie, sei alles wieder im Lot. Als Sanguiniker muss man sein Temperament schon ordentlich durchschaut und im Griff haben, um dem Schuldgeständnis auch eine Absicht folgen zu lassen. Etwa die, den Mund zukünftig nicht ganz so voll zu nehmen. Doch Sanguiniker begehen ein und dieselbe Dummheit gerne mehrmals, weil es ihnen so schwer fällt, zuerst nachzudenken, bevor sie handeln. Durch Schaden werden sie selten klug und sie können sich in Lebenslügen ohne weiteres häuslich einrichten.

Wenn Sanguiniker kaum noch imstande sind, sich gemäßigt auszudrücken, wenn sie nur noch übertreiben und alles wahlweise absolut grauenvoll oder wahnsinnig supergeil finden, dann sind die Pferde mit ihnen durchgegangen. Wie ein Vampir nach Blut lechzen sie nach frischen Eindrücken, als ginge es um ihr Leben, doch der Assoziationen, die ihr Gehirn überschäumen, sind sie nicht mehr Herr. Sie gieren nach Anerkennung, richten ihr Fähnchen nach dem Winde und passen sich ihrer jeweiligen Umgebung an wie ein Chamäleon, bis sie nicht mehr wissen, wer sie eigentlich sind. Von bösen Menschen werden sie dann schon mal beschimpft mit: *Luftnummer, Windbeutel* oder *Schaumschläger.* Hysterisch und albern in ihrer Überdrehtheit mutieren sie zu aufgeplusterten Hähnen oder gackernden Hennen und verflüssigen die Gehirnmasse ihrer Zuhörer zu Rührei nach dem Motto: *Wenn man schon nicht überzeugen kann, soll man zumindest verwirren.* Sie können nicht mehr allein sein, sind auf jedem Tingeltangel zu finden, müssen unentwegt im Mittelpunkt stehen und wenn sie nicht mindestens einmal pro Viertelstunde hören, wie großartig sie sind oder wie verliebt man in sie ist, machen sie eine Szene. Gespräche lassen sie nicht mehr zu. Während jemand ihnen etwas erzählt, schreiben sie eine SMS,

Phantasie ist viel wichtiger als Wissen, denn Wissen ist begrenzt.
ALBERT EINSTEIN

denken sich gleichzeitig schon die nächste Anekdote aus und plappern los, wenn der andere bloß mal Luft holen wollte. Sie verlieren den Boden unter den Füßen und bauen Luftschlösser, sie verwechseln Fiktion mit Realität und Quantität mit Qualität, sie sind leicht zu täuschen und zu beeinflussen und man hat den Eindruck, sie werden nie erwachsen.

Doch nicht einmal diesen sanguinischen Nervensägen kann man lange böse sein, denn sie wirken immer unschuldig. Sanguiniker werden eher geliebt als respektiert. Ihre erfrischende Unberechenbarkeit lockert festgefahrene Situationen und wirbelt auch schon mal den so genannten Zeitgeist auf – dies aber eher aus Versehen, denn reine Sanguiniker mögen keine Konfrontation und sind nicht gerade ein Fels in der Brandung, wenn es um Farbe bekennen oder Zivilcourage geht. Will man sie festlegen, sind sie gerade schon woanders und versuchen noch weitere Fliegen mit der bereits mehrfach benutzten Klappe zu schlagen. Sie lieben nun mal die Harmonie und mögen das Verbindende. Sie beißen sich nicht fest, sie beharren nicht stur auf vor Jahren zementierten Überzeugungen. Sie vermitteln charmant zwischen verschiedenen Ansichten und es gibt keine besseren Kommunikatoren und *networker.*

> Ein Optimist ist ein Mensch, der ein Dutzend Austern bestellt, in der Hoffnung, sie mit der Perle, die er darin findet, bezahlen zu können.
>
> THEODOR FONTANE

Wer kennt nicht diesen Menschentyp, der in irgendeiner Versammlung spontan aufsteht und völlig unbefangen und so mitreißend aus voller Brust das Westfalenlied, das Sachsenlied, die Internationale oder sonst was anstimmt, dass es keinen mehr auf dem Sitz hält? Sie bringen Vertreter verschiedener Parteien dazu, an einem Strang zu ziehen, schaffen es, dass Offiziere und Unteroffiziere sich auf einer Sause in den Armen liegen und dass seit langem verfeindete Nachbarn gemeinsam ein Straßenfest organisieren. Noch in den hoffnungslosesten Situationen entdecken sie etwas Positives und können einer gesammelten Schar von Kontrahenten das Gefühl vermitteln, dass alle scheinbar unüberwindlichen Gegensätze auf reiner Einbildung beruhen.

Vorsicht! Gift!
Sagen Sie nie zu einem Sanguiniker:

Aber gestern hast du was ganz anderes gesagt!

Alles fließt,
und nur jener, der sich dem Werden anvertraut,
gelangt bis auf den Grund der Seele.

HERAKLIT

Phlegmatiker

Die heiteren Zuschauer

Für Phlegmatiker ist das Leben ein gewaltiger Fluss, von dem sie sich gern mitnehmen lassen. In ihren angenehmsten Träumen schaukeln sie in einem Boot auf den Wellen oder sitzen am Ufer und schauen zu. Sonnenstrahlen quirlen Lichtfäden auf die strömende Wasserfläche und verschwinden. Regentropfen schlagen mit flüchtigen Spritzkronen auf und werden eins mit dem Fluss. Selbst der Himmel spiegelt sich im Fluss. *Wenn du lange genug am Fluss sitzt, siehst du irgendwann die Leichen deiner Feinde vorbei treiben,* sagte Konfuzius. Das trifft die phlegmatische Grundhaltung des *Aussitzens* von Problemen ziemlich genau. Alles regelt sich von selbst. Alles ist im Fluss. Alles wandelt sich fortwährend und wir ebenso und darin bleibt alles gleich. Was man bewirken kann im Leben? Man kann den Fuß ins Wasser strecken und vorübergehend kleine Strömungen erzeugen. Man kann auch den einen oder anderen Fisch angeln. Der Fluss lässt sich dadurch nicht stören. Er strömt gleichmütig weiter und den Phlegmatikern ist es recht.

Es ist, als besäßen sie von Natur aus ein intuitives Verständnis des Weltganzen – damit ist nicht ein verstandesmäßiges Durchdringen gemeint, sondern eine vertrauensvolle Hingabe in das ewige Spiel des Werdens und Vergehens. Im phlegmatischen Temperament haben die alten Griechen die menschliche Entsprechung des Urelementes Wasser gesehen. Gegen das *Wasser des Lebens*, gegen diesen schicksalhaften Rhythmus des Fließens anstrampeln zu wollen, finden Phlegmatiker ebenso albern wie sinnlos. Sie machen nicht viel Gewese, sie beschweren sich selten, sie kämpfen nicht um erste Plätze, sondern nehmen das Leben einfach, wie es ist. Ebenso wenig wie sie auf die Idee kämen, dem Fluss ein neues Bett zu graben, würden sie Heilsbotschaften verkünden, sich in Kampagnen festbeißen oder irgendwelche Ideologien zur Rettung der Menschheit propagieren. *Ich denke nie, ich sei es, der dafür sorgen müsse, dass die Kirschen Stiele bekommen,* sagte C. G. Jung, dem das phlegmatische Temperament wohl kaum wesensfremd war. Kein einziger politischer Einpeitscher der Geschichte kann Phlegmatiker gewesen sein – Goebbels Phlegmatiker? Unmöglich! Eher findet sich ihr grundsätzliches Wesen im Bild des lächelnden, in sich ruhenden Buddhas. Introvertiert, wohlwollend, guter Dinge und leidenschaftslos.

Alexander der Große besuchte den Philosophen Diogenes und fand ihn in einer Tonne liegend. Er forderte ihn auf, sich etwas zu wünschen. Geh mir aus der Sonne, Alexander!
DIOGENES

Halt! An dieser Stelle nehmen wir den Phlegmatikern ihren Heiligenschein erst einmal wieder weg, denn natürlich gilt dies alles nur, wenn sie wirklich das Allerbeste aus ihrem Temperament gemacht haben. Ist ihnen das jedoch nicht gelungen, dann fokussiert sich ihr gesamtes Wesen auf ein einziges Wort: stinkfaul. In *Oblomow* hat Iwan A. Gontscharow das Charakterbild eines an seiner Trägheit verkümmernden Menschen gezeichnet. Oblomow wird oft als Melancholiker gesehen, doch dazu ist er viel zu sorglos und zu untätig. Phlegmatiker wie Oblomow können brillante Ideen und die besten Vorsätze haben, doch mit verblüffender Entschlusslosigkeit schaffen sie es nie, diese in die Tat umzusetzen. Ist ihr Misserfolg offensichtlich, trägt jeder und alles Schuld an diesem Zustand – nur sie selbst nicht.

Jeder, der dich ärgert,
besiegt dich.

ELISABETH KENNY

Im Extremfall sind Phlegmatiker gleichgültig gegenüber allem, was zwischen zwei Mahlzeiten liegt, granteln und nörgeln aus einem müffelnden Sessel heraus, in dem sie große Teile ihres Lebens verbringen, finden sich sportlich, wenn sie die Augenbrauen heben, fühlen sich für nichts zuständig und übernehmen keinerlei Verantwortung. Darin allerdings können sie einen eisernen Willen entwickeln – bis zur Starrköpfigkeit. Sie halten mit niemandem Kontakt, sind hartnäckig unzugänglich, weisen alle Aufmunterungsversuche von sich und sind extrem mundfaul. Beschwert sich darüber jemand, sagen sie oft mürrisch: *Weniger ist mehr!* und vergessen dabei, dass nichts keineswegs alles ist. Jean Giono bemerkte, die Stillen seien nicht immer auch die Weisen. Und fügte hinzu: *Es gibt verschlossene Truhen, die leer sind.*

Um ihre Ruhe zu haben und sogar, wenn sie anderer Meinung sind, sagen diese unerfreulichen phlegmatischen Charaktere auf Drängen lieber Ja und Amen, als sich zu einem Widerspruch aufzuraffen. Kommt dann die Zeit, wo die Zusage eingelöst werden soll, weigern sie sich und behaupten, man habe versucht, sie zu zwingen. Und so etwas ist in ihren Augen wirklich das Letzte! Sie besitzen einen deutlichen Hang zur Anarchie – nicht dass sie sich in irgendeiner Rebellenrolle gefallen würden, sondern dass sie sich an kaum etwas gebunden fühlen und ihnen selbst diejenige harmlose Art gesellschaftlicher Konventionen wurscht ist, die den reibungslosen Ablauf von Alltäglichkeiten gewährleistet. So können sie durch ihre bloße Anwesenheit zum Sand im Getriebe werden. Ihre Entscheidungen treffen sie einsam für sich allein und kommen gar nicht auf dem Gedanken, andere, die es betreffen könnte, davon zu informieren. Wenn sie befürchten müssen, einbezogen zu werden, würgen sie aufreizend desinteressiert jede originelle Idee, jede Begeisterung und jede fröhliche Unternehmungslust in ihrer Umgebung ab, so dass gewisse andere Temperamente ihnen dreimal täglich den Hals umdrehen könnten.

Hüte dich vor Unternehmungen, die neue Kleidung erfordern.

Henry D. Thoreau

Zurück zu den heiteren, unternehmungslustigeren Phlegmatikern! Wirklich begeistern kann man auch diese nur mit ausgewählten Filetstückchen. Sie gar auf die Palme zu bringen, wäre schon ein Kunststück, außer man versucht es mit der hartnäckigen Aufforderung, nun endlich einmal aktiv zu werden. Etwa: *Nun sitz doch hier nicht so rum, sondern tu mal was!* Schon werden sie höchst aktiv das Weite suchen und vermutlich sobald nicht wiederkommen. Mit dem grausamen Handwerk solcher Einpeitscher und Sklaventreiber wollen Phlegmatiker sich keinesfalls gemein machen. Also erteilen sie niemandem ungefragt Ratschläge und lassen in aller Gemütsruhe, ohne sich einzumischen, die alltäglichen Dinge um sich herum geschehen. *Tach auch,* sagen sie bei Versammlungen irgendwelcher Art und am Ende vielleicht noch: *So, dann woll'n wir mal wieder.* Selten sagen sie mehr. Man müsste sie schon ausdrücklich nach ihrer Meinung fragen. Bittet sie jemand um Hilfe, sind sie durchaus dazu bereit. Sie helfen nur nicht von selbst.

Ein wahrer Diplomat ist ein Mann, der zweimal nachdenkt, bevor er nichts sagt.

JOHN STEINBECK

Während für Melancholiker das Glas halb leer und für den Sanguiniker halb voll ist, zucken Phlegmatiker mit den Achseln, denn sie schlagen sich ungern auf eine Seite. Würde aus zwei Ecken heraus zum Sammeln geblasen, kämen sie arg in Schwierigkeiten. Sie mögen das Leben doch gerade in seiner Vielfalt! Toleranz liegt ihnen ebenso im Blut wie Unparteilichkeit, und Widersprüche können sie wunderbar aushalten und gelassen als solche stehen las-

Betätigung ist Verneinung der Ewigkeit. Je mehr das Erringen von Gütern im Zeitlichen wächst, je mehr sich die äußere Arbeit steigert, desto unzugänglicher, entfernter und unerreichbarer wird die Ewigkeit.

ÉMIL M. CIORAN

sen – anders als Choleriker, für die jeder Widerspruch eine Herausforderung ist, anders als Sanguiniker, die gern versuchsweise mal in die eine und mal in die andere Meinung schlüpfen, und anders als Melancholiker, die an den Widersprüchen des Lebens schier verzweifeln könnten. Phlegmatiker dagegen würden sofort diesem Satz von Marc Aurel zustimmen: *Es wäre dumm, sich über die Welt zu ärgern. Es kümmert sie nicht.*

Mit öffentlichen Ehrungen, wie einem Ehrendoktortitel oder sonstigen Belobigungen, macht man ihnen nur bedingt Freude. Nicht, dass es ihnen peinlich wäre, echten Phlegmatikern ist wenig peinlich, aber statt der Ehren stünde ihnen als erstes das unbequeme Abendkleid vor Augen, in das man sich dann zwängen müsste, oder der dunkle Anzug, der sowieso im Bund kneift – ganz zu schweigen von dem Krawattenproblem. Natürlich freut sich jeder Mensch über Lob und Beifall, aber niemand würde so wenig dafür tun wie die ehrgeizlosen Phlegmatiker. Es macht ihnen auch nichts aus, wenn in privatem Kreis ein Wichtigtuer das große Wort über ein Thema führt, zu dem sie selbst ihre Dissertation geschrieben haben. Phlegmatiker nehmen niemandem die Wurst vom Brot. Sanguiniker erzählen sofort jeden Witz, der ihnen gerade einfällt, und strahlend und unbeirrt erzählen sie ihn ein paar Tage später wieder und wieder und wieder. Fällt Phlegmatikern ein Witz ein, geben sie ihn oft gar nicht erst zum Besten, sondern grinsen ihn in sich hinein. Es bedeutet ihnen nicht besonders viel, recht zu behalten, und Vergeltungsmaßnahmen würden ihnen keinerlei Befriedigung verschaffen. Michael Kohlhaas, Medea, Krimhilde, Kapitän Ahab oder Zorro, der schwarze Rächer der Enterbten – das sind Beispiele für Charaktere, die Phlegmatikern völlig wesensfremd sind.

Überhaupt ist Phlegmatikern wenig wichtig genug, aktiv, geschweige denn dirigierend einzugreifen. Sie halten sich raus und hören lieber zu. *Natürlich bildet man sich eine Meinung, aber warum sollte man sie jedem gleich unter die Nase reiben?* Meinungen kann man für sich behalten, aber an Entscheidungen kommt man im Alltag selten vorbei, zum Beispiel wenn man im Laden mehrere Sorten Käse zum Probieren bekommen hat. Wehe allen, die dann hinter einem Phlegmatiker an der Käsetheke warten müssen! Mit abschließenden Urteilen sind Phlegmatiker nun mal äußerst vorsichtig. *Das ist ein weites Feld, Luise!,* ließ Theodor Fontane den Vater von Effi Briest sagen, wenn dieser weitere Debatten umschiffen wollte. Fontane, der selber als sehr lebhaft, ja als jähzornig galt, hat einige der wichtigsten Figuren seiner Romane mit phlegmatischem Temperament ausgestattet. *Courage ist gut, aber Ausdauer ist besser. Ausdauer, das ist die Hauptsache!,* ist eine Überzeugung des alten Stechlin und auch Jenny Treibels Jugendfreund, Professor Schmidt, zeigt mit seiner Zurückhaltung (*Durch Dreinreden stört man nur den natürlichen Gang der Dinge),* mit seiner humorvollen Selbstironie und seiner Ablehnung alles Pompösen phlegmatische Züge.

Das einzige Problem beim Nichtstun ist, dass man nie weiß, wann man fertig ist.

SPRICHWORT

Auch durch Beleidigungen sind hochprozentige Phlegmatiker nicht unbedingt aus der Ruhe zu bringen. *Dazu gehören immer zwei*, meinen sie: *einer, der beleidigt, und einer, der sich beleidigen lässt.* Und wer kann sie zwingen, sich fremde Spielregeln diktieren zu lassen? Kein Wunder, dass sie leicht verkannt werden und oft auch dann als gleichgültig, entscheidungsschwach, sogar als feige gelten, wenn sie tatsächlich nur gelassen, diplomatisch und geduldig sind. Ihr Reaktionsniveau liegt so hoch, dass Sanguiniker es nur mit Fernglas erkennen können, und bevor sich Phlegmatiker auf die Hinterbeine stellen, muss ihnen eine Sache wirklich ungeheuer wichtig sein. Dann allerdings neigen sie, ob in der Familie oder in der Firma, zu allseits überraschender und kompromisslos geäußerter Deutlichkeit, weil sie keinen Grund sehen, sich ein Schlupfloch offenzulassen für einen geschickten Rückzug ohne Gesichtsverlust. Es bedeutet ihnen herzlich wenig, was andere von ihnen denken. Und da es so selten vorkommt, dass Phlegmatiker tatsächlich mal mit der Faust auf den Tisch hauen und laut werden, kann das überaus wirkungsvoll sein und sie schauen ringsum nur noch in fassungslose Gesichter mit großen Augen und offenen Mündern.

Ideen sollte man empfangen wie Gäste – zuvorkommend, aber unter der Voraussetzung, dass sie ihre Gastgeber nicht tyrannisieren.

ALBERTO MORAVIA

Erste Wahl sind Phlegmatiker als Beobachter und Analysierer. Auch Melancholiker beobachten und analysieren gründlich, doch es fällt ihnen schwer, die von einer pessimistischen Grundeinstellung gefärbte Brille abzunehmen. Phlegmatiker dagegen sind nicht etwa grundsätzlich optimistisch, sie sind aus tiefstem Herzen unparteiisch. In seinem *Der Menschenfeind* hat Molière diese beiden Menschentypen gegenübergestellt. Alceste, der Misanthrop, beurteilt die Menschen danach, *wie sie sein sollen*, während der Phlegmatiker Philinte die Menschen nimmt, *wie sie sind.* Daher bringen Phlegmatiker (Intelligenz und Bildung vorausgesetzt) alle Eigenschaften mit, die ein guter Philosoph braucht. Sie sind von Natur aus neutral, sie lassen auch befremdlich wirkende Meinungen zunächst einmal wertfrei auf sich wirken, ohne sich sofort selbst einzubringen, sie hören anderen aufmerksam zu, sie hüten sich vor schnellen Beurteilungen, und sie haben alle Geduld der Welt. Sanguiniker dagegen fänden es öde, herumzusitzen und *Löcher in die Luft zu starren,* auch ist ihre Brille rosarot gefärbt. Und Choleriker drängt es vor allem nach dem Tun – nachdenken um des Nachdenkens willen liegt ihnen nicht.

Im 18. Jahrhundert zeichnet Melchior A. Weikard in seinem Buch *Der philosophische Arzt* das Temperament des idealen Philosophen typisch phlegmatisch: *So wie man (…) einen gewissen Kaltsinn und eine unerschrockene Gleichgültigkeit von einem Philosophen fordert, so wird auch Unparteilichkeit eine seiner ersten Tugenden sein.* Und: *Nichts verleitet uns eher zu Irrtümern als die Leichtgläubigkeit, nichts ist mehr der Philosophen Eigentum als eine phlegmatische Hartgläubigkeit.* Und auch Kant, der sich allerdings ganz entgegen seiner sonstigen

> Man trifft so selten einen Menschen, der nichts zu sagen hat und das auch tut.
>
> ANNA MAGNANI

Arbeitsweise nur oberflächlich mit den Temperamenten beschäftigt hat, sagte vom Phlegmatiker: *Sein glückliches Temperament vertritt bei ihm die Stelle der Weisheit und man nennt ihn selbst im gemeinen Leben oft den Philosophen.* Auch sah er Phlegmatiker prädestiniert dazu, moralisch, also frei von Gefühlen und Affekten zu handeln: *Phlegma bedeutet Affektlosigkeit.*

Der reinste Graus dagegen sind Phlegmatiker als Führer, gleichgültig welcher Couleur, denn Befehle zu geben, und seien sie noch so charmant verpackt, empfinden sie geradezu als ehrenrührig. (Meistens versagen sie schon bei der Hundeerziehung.) Es widerstrebt ihnen heftig, eine Gruppe von Menschen auch nur beieinander zu halten und den Weg zu weisen, geschweige denn, ihr mit Fahne, Tambourstab oder erhobenem Regenschirm voranzumarschieren und gar im lauten Ton Anordnungen und Erklärungen zu geben. Auch kommen sie gar nicht auf die Idee, für andere vorauszudenken, um etwaigen Missverständnissen vorzubeugen und organisatorisches Chaos zu verhindern. Tritt das Chaos dann tatsächlich ein, schieben sie gerne die Schuld auf die anderen, weil die nicht mitgedacht haben. Dabei sind andere Menschen ihnen keineswegs unangenehm oder gleichgültig, wie es scheint. Phlegmatiker finden nur, dass alle über 21 für sich selbst

Notfalls könnte man sie ja auch ein bisschen länger machen, diese Jacke. Nur ein paar Zentimeter. So ganz unauffällig ... – Nichts da, hier wird überhaupt nichts länger gemacht! Man beschummelt das Schicksal nicht.

Alessandro Baricco

verantwortlich sind und dürfen sollen, was sie wollen. Sie, die Phlegmatiker, sind ja schließlich nicht gezwungen, das dann gut zu finden.

Vor allem männliche Phlegmatiker haben die Klappe, mit der man mehrere Fliegen gleichzeitig schlagen kann, nicht im Gepäck. Erwartet man von ihnen, auf dem Weg zum Tanken noch einen Brief einzuwerfen, Kinokarten zu besorgen und auf dem Rückweg aus dem Keller Wein mitzubringen, empfinden sie das als Zumutung. Nun sagt man dem männlichen Geschlecht im Allgemeinen schon nach, es hätte Schwierigkeiten damit, zwei Dinge gleichzeitig zu tun – der männliche Phlegmatiker schlägt sie alle: Er überfährt jede rote Ampel, wenn man ihn kurz vor der Kreuzung fragt, wer wohl der nächste Bundespräsident werden wird. Eine Freundin erzählte, ihr sonst überaus friedfertiger Mann würde richtig giftig, wenn sie fragt: *Willst du Tee oder Kaffee?*, während er gerade Zeitung liest. Und wenn Sie einen Mann fasziniert mit offenem Mund vor einem dieser Straßenmusikanten stehen sehen, die als Ein-Mann-Orchester auftreten, also Mundharmonika und Gitarre gleichzeitig spielen, mit den Füßen ein Schlagzeug bearbeiten und zwischendurch noch singen, handelt es sich wahrscheinlich um ein phlegmatisches Exemplar.

Wenn du im Recht bist,
kannst du dir leisten,
die Ruhe zu bewahren.
Wenn du im Unrecht bist,
kannst du dir nicht leisten,
sie zu verlieren.

SPRICHWORT

Als Gast fühlt man sich in ihrer Gegenwart im Allgemeinen wohl und willkommen, obwohl sie so wenig Gewese um einen machen. In seinem Buch *Manieren* nennt Asfa-Wossen Asserate dies *Nachlässigkeit*, eine Eigenschaft, die als *sprezzatura* in der italienischen Renaissance als besonders nobel gegolten habe: Manieren sollten wie beiläufig, ohne alles Zelebrieren daherkommen. Wenn Asserate den Nachlässigen als Gastgeber beschreibt, sehen wir das Bild eines entspannten, selbstbewussten Phlegmatikers aufscheinen: *Der Nachlässige blickt die Menschen freundlich an, aber er vermutet zunächst einmal, dass sie ebenso souverän sind wie er selbst und schon tun und lassen werden, wonach ihnen zumute ist. Sein Wohlwollen ist von nicht den geringsten Spuren der Neugier begleitet.*

Mit seiner Schokoladenseite scheint das phlegmatische Temperament dem idealen Bild von einem harmonisch in sich ruhenden, humorvollen, ja weisen Menschen am nächsten zu kommen. Thomasius, der preußische Philosoph, hat sich für die Temperamente negative Eigenschaften ausgedacht, die er für jeweils typisch ansah. Melancholiker, meinte er, neigten zum Geiz, Choleriker zum Ehrgeiz und Sanguiniker zur Wollust. Für Phlegmatiker scheint ihm keine negative Eigenschaft eingefallen zu sein. Vielleicht war er selbst einer.

Schweigen ist ein Zeichen von Weisheit, aber Schweigen allein ist noch keine Weisheit.

JIDDISCH

Phlegmatiker mögen das Leben und mögen Menschen. Nur wenn sie andere Phlegmatiker treffen, werden sie schnell verdrießlich, weil sie die so langweilig finden. Aber einen aufgebrachten Choleriker kann niemand mit einem Scherz und entwaffnender Friedfertigkeit besser von der

Decke holen als sie, und niemand bleibt mit so viel amüsiertem Wohlwollen dennoch so unbeeindruckt von den Kapriolen der Sanguiniker. Für Melancholiker, die sich aussprechen müssen, haben sie gefühlvollen Trost und immer eine Schulter frei. Und da Phlegmatiker sehr verträglich sind und selten schlecht über andere reden, gehören sie zu den beliebtesten Zeitgenossen – sofern sie denn überhaupt wahrgenommen werden.

Vorsicht! Gift!
Sagen Sie nie zu einem Phlegmatiker:

Nun sitz doch hier nicht so rum, sondern tu mal was!

Zwei Seelen wohnen,
ach, in meiner Brust.

JOHANN W. V. GOETHE

Temperare heißt vermischen

Reizvolle Variationen im Spiel des Lebens

Temperamente in Reinkultur sind so selten wie weiße Nashörner. Wundern Sie sich also nicht, wenn Sie in den vorausgegangenen Schilderungen zwar viele Eigenschaften wiedererkannt haben, die Ihnen bei anderen (oder bei sich selbst) auch schon begegnet sind, aber nie in dieser konzentrierten Form. Zwar gibt es durchaus Leute, die ein einziges Temperament so stark verkörpern, dass man sie einrahmen lassen möchte, doch Menschen wie Du und Ich versammeln jeden der vier Gesellen in uns, allerdings in höchst unterschiedlichem Verhältnis. Es ist gewiss vergebliche Liebesmüh, genau den jeweiligen Prozentsatz des einen oder anderen der Vier an unseren 100 Prozent Temperament herausfinden zu wollen. Dazu kommt noch, um die Sache weiter zu verkomplizieren, dass wir vielleicht einem der zwei Temperamente, die meistens die Nase vorn haben, die Chance gegeben haben, sich von seiner positiven Seite zu zeigen, während das andere vornehmlich mit seinen negativen Seiten ins Kraut schießen durfte. Dass wir überhaupt ein Leben lang die Möglichkeit haben, aneinander widerstrebende Wesenszüge in unserem inneren Getriebe sauber geschaltet zur Teamarbeit zu nötigen, das ist schon hocherfreulich, denn auf Automatik umgestellt führe unser Lebensgefährt führerlos in den Nebel. Um ein wenig Übersicht in diese verwirrende Temperamente-Vielfalt zu bringen, sollen die Variationsmöglichkeiten einmal an einem bestimmten Menschentypus durchdekliniert werden, der sich wegen seiner Allgegenwärtigkeit in den Medien besonders gut als Anschauungsobjekt eignet: an Politikern.

Obgleich nun wohl schwerlich je eine dieser Gemütsarten so ausschließlich in uns wohnt, dass dieselbe nicht durch einen kleinen Zusatz von einer andern modifiziert würde, da dann aus dieser unendlichen Mischung der Temperamente jene feinen Nuancen und die herrlichsten Mannigfaltigkeiten entstehen, so ist doch mehrenteils in dem Segelwerke jedes Erdensohns einer von jenen vier Hauptwinden vorzüglich wirksam, um seinem Schiffe auf dem Ozean dieses Lebens die Richtung zu geben.

ADOLPH FREIHERR KNIGGE

In vordemokratischen Zeiten, als man mittels Erbfolge oder Heirat an die Macht kam, hat wohl so mancher den Thron bestiegen, den es vom Temperament her nicht danach gelüstete. Unsere demokratischen Herrscher auf Zeit, die Präsidenten und Kanzler und Premierminister und Ministerpräsidenten – sie drängt es alle zu hohen Ämtern. Überall mussten sich Spitzenpolitiker gegen Mitbewerber durchsetzen und haben mit harten Bandagen und auf jeden Fall mit vollem Einsatz gekämpft, um weiter nach oben zu kommen. Auf Harmonie bedachte Menschen haben da schlechte Karten. Wer nicht spätestens in der heißen Wahlkampfphase Front macht, zum Angriff übergeht und seine Gegner unter Beschuss nimmt, schafft es nicht. Und um es zu schaffen, muss man schon einen starken cholerischen Temperamente-Anteil haben. So einigermaßen glaubwürdig ist das gelegentliche markige Herumbrüllen in Mikrophone eben nur bei echten Cholerikern.

Zum Abreagieren wird da in den Büros unter Ausschluss der Öffentlichkeit schon mal mit Aktenordnern und Tageszeitungen geworfen. Otto Schily, sieben Jahre lang Innenminister, galt als *der einzig aktive Vulkan im Regierungsviertel.* Journalisten nannten ihn spöttelnd: *Otto der Große.* Mitarbeiter flüsterten, dass er alles *alleine machen* wolle, ein Freund von einsamen Entschlüssen sei und das Provozieren liebe. Mit 70, hieß es, habe er noch mehr Leidenschaft versprüht *als der gesamte Juso-Nachwuchs.* Auch Churchill soll ein Mann von *vulkanischem Temperament* gewesen sein. Wolf Schneider beschreibt in *Die Sieger* Konrad Adenauer so: *ein rücksichtsloser Kämpfer, ein egozentrischer Machtmensch, begabt mit Realitätssinn und dem Instinkt für die richtige historische Stunde.* Jacques Chirac ist bekannt für temperamentvoll-selbstherrlich wirkende verbale Attacken. Ein Musterfall ist *die eiserne Lady,* Margaret Thatcher, die 1984 beim EU-Gipfel alle Staats-und Regierungschefs in die Tasche steckte mit ihrem: *I want my money back. And I want it now!* und einen Rabatt auf britische Zahlungen an die EU-Kasse erzwang,

Das, was ich will, ist, was ich selber wollen will.

HELMUT KOHL

den eigentlich niemand geben wollte. Als ihre Konservativen auf einem Parteitag einen weicheren Kurs forderten, protestierte sie erfolgreich mit dem schönen Satz: *The lady is not for turning!* Wolfgang Schüssel, der es *hasst, wenn's nicht schnell genug geht,* haut laut Presseberichten schon mal wütend auf den Tisch. Die Szene, als Nikita Chrustschow während einer UNO-Sitzung im Zorn gar mit dem Schuh sein Pult bearbeitete, ging um die Welt. Auch de Gaulle liebte die Provokation. Er galt zudem als ungeduldig und stur und seine Wutanfälle waren gefürchtet. So mancher Politiker kann geradezu *aus dem Stand explodieren.* Die Frau eines solchen charakterisierte ihren Mann wie folgt: *Herr, gib mir Geduld. Aber sofort!* Wie wird ein starker Cholerikeranteil vom zweitstärksten Temperament beeinflusst?

> Es stört mich nicht, was meine Minister sagen, solange sie tun, was ich ihnen sage.
>
> MARGARET THATCHER

Cholerisch/Sanguinisch

Zum traditionell cholerischen Kämpferherzen gesellt sich bei Politikern häufig das sanguinische Temperament als idealer Partner. Wer von diesen beiden extrovertierten Punktemachern gestärkt ist, dem gelingt der Aufstieg in der heutigen Mediengesellschaft am wahrscheinlichsten und der kann vor Scheinwerfern, Mikrophonen und Kameras in bestrickender Siegesgewissheit erstrahlen. Diese Spezies findet es amüsant, Rosen in Fußgängerzonen verteilen zu dürfen, küsst mit Inbrunst spontan die Kinder fremder Leute, oder gilt gar, wie der frühere Bremer Bürgermeister Henning Scherf, als *Omaknutscher.* Ohne den gutgelaunten sanguinischen Gesellen *in sich* würde jeder Wahlkampf zur Tortur.

Nehmen wir zum Beispiel die amerikanischen Präsidenten und Gouverneure: Sind sie nicht allesamt von keinem Selbstzweifel angekränkelte Siegertypen, die vor allem im Fernsehen blendend ankommen? *Liebt mich doch!*, hieß im *Tagesspiegel* ein Artikel über Bill Clinton. Da war die Rede von *charmant, redselig und selbstverliebt*, auch von *überbordernder Menschenfreundlichkeit* und *Gefallsucht.* Unvergessen ist der Auftritt des amerikanischen Präsidenten George W. Bush, als er während des Irak-Krieges in der Montur eines Kampffliegers wie ein Westernheld vor dem Showdown vor die bereitstehenden Mikrophone auf einem Flugzeugträger trat. Auch Tony Blair verkörpert augenfällig den cholerisch-sanguinischen Politikertypen. In seinen ersten Jahren als Premierminister war er Liebling der Medien, Lichtgestalt einer neuen Politikergeneration, jemand, der *Chancen auch in scheinbar unlösbaren Krisen* sah. Nach dem Irak-Krieg hieß es vornehm: Er *bevorzugt die Präsentation gegenüber der konkreten Umsetzung.* In einem *ZEIT-Dossier* steht,

Der Mythos der Macht träumt von der Verbesserung der Welt. Die Mächtigen pflegen die Phantasie des guten Herrschers. (…) In Wirklichkeit hat man dafür gar keine Zeit, denn das Augenmerk konzentriert sich auf die Absicherung der Macht.

Mario Erdheim

viele Briten hielten ihn für einen *PR-Mann, der nicht wirklich etwas bewegt, sondern nur so tut als ob.* Was als Charisma galt, wurde nun als Masche verspottet. Reiste er, hieß es, er mache *die Welt zu seiner Bühne* und der *Independent* sprach von Blair's Talent zur *Selbstsuggestion*, wie sie jeder große Schauspieler vollführe.

Der *Medienkanzler* wurde Gerhard Schröder genannt, weil er das Spiel mit Journalisten blendend beherrschte, immer einen flotten Spruch zum Zitieren dabei hatte und einfach sympathisch rüberkam. Seine Kämpfernatur zeigte sich schon daran, wie er hellwach und hartnäckig über lange Zeit hinweg gegen den Widerstand selbst der eigenen Partei und durch Wegbeißen von Konkurrenten Popularität und Macht gewann. Der *Stern* beschrieb sanguinische Züge: *Bei Schröder ist langfristige Planung unbekannt, sorgfältige Analyse findet nicht statt.* Er nutze die jeweilige Situation. Sage ein Minister *hü*, und der andere *hott*, sage Schröder beides gleichzeitig. In der *Frankfurter Allgemeinen Sonntagszeitung* nannte ihn Thomas Schmid*: ein Kind der Laune, der Luftnummern.* Mit dem letzten Wort hat der Autor intuitiv das Element des Sanguinikers erfasst. Im *Spiegel* titelte Jürgen Leinemann einen Artikel über Politiker: *Die Staatsschauspieler.* Manche gaukeln dem Wählervolk etwas vor, um an der Macht bleiben zu können, andere nutzen ihre Talente, um aufrichtige Überzeugungen publikumswirksam und verständlich zu vermitteln.

> Man muss das Leben nehmen, wie es ist, aber man darf es nicht so lassen.
>
> FRANZ MÜNTEFERING

Hat bei der Kombination cholerisch/sanguinisch eher das letztere die Nase vorn, verstärkt sich die Eitelkeit, so dass Politiker auch schon mal Falten weglasern, Haare färben oder Toupets anbringen lassen. Silvio Berlusconi, *der kleine Mann mit dem großen Ego*, machte nicht einmal Hehl daraus. Andere Politiker strengen die Gerichte an wegen übler Nachrede. Die cholerische Lust an Wettbewerb und Auseinandersetzung fällt auch oft mit der sanguinischen Lust am Parlieren und Gefallenwollen zusammen und paart sich, von dem Kern der Sache entfernt, als schlichte Lust am Streiten.

Cholerisch/Melancholisch

Je größer der melancholische Anteil am Gesamttemperament, je seltener sieht man solche Menschen auf den ersten Plätzen – wenn auch nicht so selten wie die mit einem starken phlegmatischen Anteil. Dem Melancholiker in ihnen ist es schon unangenehm, auf *lächerlichen* Wahlplakaten den Grinsemann zu geben. *Ich bin prinzipiell skeptisch gegen das Wort Begeisterung*, sagte Alt-Bundeskanzler Helmut Schmidt und so pragmatisch und streng, eben *unsanguinisch*, kannte man ihn auch. 1962 hatte er bei der großen Flutkatastrophe in Hamburg so souverän und effektiv-cholerisch die Rettungseinsätze organisiert, dass er populär wurde. Schmidt war ein schneller Denker und gefürchtet als scharfzüngiger Redner. Die Akten kannte er besser als mancher Sachbearbeiter, hieß es, und liest man, was über ihn geschrieben steht, häuft sich melancholisch

Besetztes: pflichtbewusst, moralisch, korrekt, gründlich. Schmidt soll gearbeitet haben bis zur Erschöpfung und fand Erholung bei Schöngeistigem, bei Musik, Kunst und Literatur.

Viele Führerpersönlichkeiten der Weltgeschichte waren offenbar cholerisch-melancholisch geprägt. Einige scheinen mit ihrer melancholischen Seite die Grenze zur Krankheit überschritten zu haben. Auch der in seinen Hochphasen geniale Churchill hat unter starken depressiven Schüben mit Suizidgefahr gelitten, wie Sohn und Leibarzt nach seinem Tod verrieten. Wie auch bei Abraham Lincoln sollen diese Phasen so lang angedauert haben, dass nicht genau bekannt ist, wer eigentlich in diesen Zeiten regiert hat. In beiden Fällen hat man alles getan, um die Sache geheim zu halten, und sprach von Grippe und sonstigen eher harmlosen Malaisen.

Bevor der Choleriker mit seiner Lust am Risiko und dem Willen zum Sieg unüberlegt losprescht, zupft der Melancholiker ihn am Ärmel und lässt ihn noch einen Moment innehalten und überlegen, ob das auch vernünftig ist, was er vorhat. Haben cholerisch-melancholische Individuen beide Temperamente am Zügel, kann man sich nur wünschen, Menschen wie sie würden öfter als Führungskräfte am Ruder sitzen. Haben sie das nicht, wird es schwierig: Das cholerische ist auf Angriff gepolt, das melancholische auf

> Wer mit dem Geist der Traurigkeit geplagt wird, der soll aufs Höchste sich fürchten (...) Alle Traurigkeit, Seuchen und Schwermuth kömmt vom Satan.
>
> Martin Luther

Abwehr und beide driften auseinander. Ein russisches Sprichwort warnt: *Wo Zorn und Rache heiraten, da wird die Grausamkeit geboren.* Romano Guardini sieht es genauso schwarz: *Dann freilich, wenn der Schwermütige die Güte verliert (...), vermag er in jener Weise wehe zu tun, wie das Leben ihm Schmerz zufügt.*

Scheitern Choleriker in der Chefposition, liegt es oft daran, dass ihr zweites Temperament ungünstig für die jeweilige Aufgabe ist. Dem cholerischen Chirurgen wäre beim Operieren mit sanguinischen Zügen kaum geholfen, mit der Penibilität eines Melancholikers oder der inneren Ruhe eines Phlegmatikers schon eher.

Cholerisch/Phlegmatisch

Als Politiker erklimmen sie meist erst dann höhere Ränge, wenn ihre gewählten Vorgänger erkranken oder scheitern, oder wenn, zum Beispiel, eine ganze Regierung nach einer verlorenen Vertrauensfrage ausgetauscht werden muss. Ausnahmen bestätigen die Regel: Der große Vorteil für die Alphafrau Angela Merkel war, dass sie als *Kohls Mädchen* gewaltig unterschätzt worden war. Das passiert den Cholerisch-Phlegmatischen oft. Man traut ihnen nicht soviel zu. Im Fernsehen fallen sie kaum auf, weil sie sich nie nach vorne drängen und so wirken, als hätten sie nichts Wichtiges zu sagen. Diese Menschen sind eher dauerhaft zuverlässig als hin und wieder brillant, eher glaubwürdig als originell, eher kontrolliert als mitreißend, aber weder Schwärmer noch Misanthropen. Sie verkörpern so etwas wie die *goldene Mitte*, sofern sie imstande sind, die ja eigentlich gegensätzlichen Temperamente in sich in einer Liebesheirat zu vereinigen.

Angela Merkel scheint das gelungen zu sein, obwohl wir hier zaudern, denn sie gehört offenbar zu den respektabel kontrollierten Menschen, bei denen es besonders schwierig ist, die Temperamente-Mischung herauszufinden. Mal wirkt sie linkisch und angestrengt, zieht den Kopf ein, schiebt die Schultern vor. Sie hat kein Charisma, ist nicht gerade eine begnadete Rednerin und guckt unfotogen sauertöpfisch. Im nächsten Moment macht sie sich über sich selbst lustig, spricht von ihrem *Tante-Emmi-Gesicht* und dass sie jetzt dringend die Mundwinkel hochziehen müsse. Sie ist charmant, witzig und lustig und kann mit ihrer Schlagfertigkeit eine gefährliche Journalistenmeute bei Pressekonferenzen in Schach halten. Das klingt sanguinisch, doch sie ist hartnäckig uneitel und weiß genau, was sie will. Dass sie als penibel gründliche Aktenleserin gilt, klingt wiederum melancholisch, doch dazu ist sie viel zu selbstsicher und denkt zu positiv. Man merke: Im Notfall kommt man einer Temperamente-Mischung mit Hilfe des Ausschlussverfahrens näher. Unser Tip lautet: Das Feld bleibt dicht beisammen. Choleriker auf Platz eins, Phlegmatiker mit nur drei Zehntelsekunden Abstand auf Platz zwei, Melancholiker schob auf der Zielgeraden den Kopf vor und erwischte vorm Sanguiniker gerade noch Platz drei.

Cholerisch-phlegmatische Menschen lassen lieber Gesprächspausen entstehen und suchen nach Worten, als Vorgestanztes abzuspulen. Anders als cholerisch-melancholische Leute, die ihre Gegner oft mit bissig-spöttischen

Bemerkungen treffen, haben sie einen weicheren, liebenswürdigeren Witz. Sie sind absolute Pragmatiker, denn beide Strömungen nehmen die Welt, wie sie ist: die cholerische, weil sie weiß, dass Ziele nur erreicht werden, wenn man Tatsachen zur Kenntnis nimmt, und die phlegmatische, weil sie die Welt ohne Vorurteile sieht. Zweierlei Sinnes sind die beiden beim Thema Macht. Die cholerische will sie, die phlegmatische nicht. Fließen die beiden Ströme nun zusammen, so spekulieren wir, will der Mensch vielleicht immer noch an die Macht, aber wenn es nicht klappt, nun, dann beißt er nicht in seine Kissen, sondern macht eben etwas anderes.

Fürchte dich vor der Wut eines geduldigen Mannes.

John Dryden

Sanguinisch/Phlegmatisch

Spitzenpolitiker muss man unter diesen Zweibeinern mit der Lupe suchen, denn sie interessieren sich nicht besonders für Macht. Der Abschied von der Macht sei ihm nicht schwer gefallen und er führe jetzt *das glückliche Leben eines Pensionärs*, sagte Björn Engholm, der 1993, nach fünf Jahren als Ministerpräsident, eben diese verloren hatte. Man glaubte es ihm. Hatte er in der Riege der Kollegen nicht immer schon merkwürdig fremd gewirkt? *Nichts aber scheint ihm ferner zu liegen als die Politik*, schrieb *die Süddeutsche Zeitung* noch zu seinen aktiven Zeiten.

Vorausgesetzt, sie wissen umzugehen mit ihrer Spezialmischung, handelt es sich hier um ausgesprochen verträgliche Mitmenschen, die wenig krumm nehmen und friedlich und gutwillig durchs Leben gehen. Sie klammern nicht. Nicht an der Macht und nicht an anderem. Das Phlegma stört den Luftikus nicht bei seinen künstlerischen Ambitionen, hindert ihn aber am Abheben und gießt etwas Öl auf allzu wallende Gefühle und auf sanguinische Unstetigkeit. *Och, darüber mach ich mir keine Gedanken!*, singen die beiden im Duett und: *Das wird schon gut gehen!* Beide mögen das Leben, beide sind auffallend ehrgeizlos, beide arbeiten nicht mit den Ellenbogen. Manchmal gucken sie etwas weltfremd mit großen blauen Augen in die Welt hinein, glauben an das Gute im Menschen und wirken wie durchreisende, an Land und Leuten interessierte, doch irgendwie unbeteiligte Touristen.

Während der Sanguiniker mittendrin steht in der Vielfalt des Lebens und sich mal für das eine und auch das Gegenteil davon interessiert, scheint der phlegmatische Teil alles wohlwollend anzuerkennen und zu flüstern: *Prima machst du das!* Gut, manchmal leiden diese Traumtänzer vielleicht etwas darunter, dass unter den vielen Leckereien des Lebens nicht eine ganz besonders begehrenswerte herausragt und ihnen persönlich zuzwinkert. So wird die Wahl gerade dann schwierig, wenn man viele Talente hat. Trotzdem: Mit großem Spaß an Kunst, Kultur und skurrilen Nebensächlichkeiten spazieren sie positiv gestimmt durchs Leben. Solche toleranten und unaggressiven Menschen haben, kein Wunder, meist einen ganzen Schwung von Freunden.

Melancholisch/Phlegmatisch

Melancholisch-phlegmatische Leute aber sind wohl unter allen die unerträglichsten, und mit ihnen zu leben, das ist für jeden vernünftigen und guten Mann Höllenpein auf Erden. Das meint Freiherr Knigge in seinem Buch *Vom Umgang mit Menschen.* In diesem Punkt müssen wir Knigge leider mit Nachdruck widersprechen. Auch das melancholische und das phlegmatische Temperament unterstützen sich gegenseitig wunderbar, so sie denn ähnlich kunstgerecht von ihrem Eigentümer entwickelt werden. Das phlegmatische schenkt dem melancholischen mehr Gleichmut und Vertrauen in die Welt und hilft ihm, mit dem Grübeln rechtzeitig aufzuhören – bevor es in einem tiefen Loch versinkt. Das melancholische gibt dem phlegmatischen Anstöße, sich wirklich zu vertiefen und auch dann zu Ende zu denken, wenn alles arg kompliziert und anstrengend erscheint.

> Der, welcher eine gute Dosis Phlegma in seiner Mischung hat, wird langsam warm, aber er behält die Wärme länger.
>
> IMMANUEL KANT

Mit Spitzenpolitikern können wir hier leider nicht dienen, vermutlich eher mit Philosophen, Theoretikern oder Wissenschaftlern. Die am meisten ins Auge fallende Gemeinsamkeit dieser beiden Temperamente ist wohl ihre Introvertiertheit, und diese Eigenschaft eignet sich nicht für Häuptlinge und andere Führertypen, schon gar nicht, wenn sie multipliziert wird. Aber das Melancholische hat mit dem Phlegmatischen noch mehr gemein: Beständigkeit etwa, auch Zuverlässigkeit und Unbestechlichkeit. Sind sie mit einer Situation unzufrieden, fällt es Menschen mit dieser Temperamente-Mischung schwer, den Zustand zu ändern: der Phlegmatiker in ihnen wartet darauf, dass es von selbst besser wird, der Melancholiker fürchtet, dass es sowieso keinen Sinn hat. So ist es möglich, dass der Mensch zu einem ewigen Zauderer wird.

Melancholisch/Sanguinisch

Sie können sich schlecht entscheiden, diese beiden. Jeder für sich hat damit schon Schwierigkeiten und beide zusammen können es noch weniger. Der melancholische Teil deswegen, weil er keinen Fehler machen will und weil er alle Möglichkeiten sowieso gleich schlecht findet, der sanguinische Teil, weil er alle Möglichkeiten gleich gut findet. Schwierig, schwierig: Zwei konträre Seelen, die, ach, in einer einzigen Brust wohnen! Auf der einen Seite das Bedürfnis der Sanguiniker, unter Menschen zu sein, zu unterhalten, beliebt als redegewandte und charmante Unterhalter, vielleicht gar talentiert zu Komödiantentum und Schauspielkunst, auf der anderen bohrende Selbstzweifel und die Befürchtung, oberflächlich gewesen zu sein oder anderen unbe-

> Ich komme eben von einer Gesellschaft, in der ich die Seele war; der Witz strömte aus meinem Mund, alle lachten, bewunderten mich – aber ich ging, ja der Gedankenstrich muss so lang sein wie die Radien der Erdbahn, ––––––––––––––––––––––––– hin und wollte mich erschießen.
>
> Søren Kierkegaard

rechtigt etwas übergestülpt, sie verführt, sie geblendet zu haben.

Vielleicht war Willy Brandt ein Mann, der diesen gespaltenen Seelenzustand leicht nachvollziehen konnte. Er gehörte zu den äußerst seltenen Politikern, bei denen das Cholerische wohl weder an erster noch an zweiter Stelle seiner Mischung stand. Er war so *anders.* Er hatte ein ausgeprägtes Charisma und strahlte eine natürliche Autorität aus, ohne autoritär aufzutreten, war eher zögerlich, nachdenklich, grüblerisch. Ja, er zelebrierte geradezu ein zentnerschweres Grübeln. Ganz früher nannte man ihn *Willy Wolke.* Bei den Jusos hieß er *Gottvater* und das war nicht unbedingt ironisch gemeint. Willy Brandt sprach von Visionen. Helmut Schmidt sagte trocken, wer Visionen habe, der müsse zum Arzt. Brandt schien den öffentlichen Auftritt und überhaupt das Baden in der Menge zu lieben, ja, er war ein ausgezeichneter Redner und der *Menschenfischer*, dem die Herzen nur so zuschwärmten. Er schmückte sich gern mit einer ihn bewundernden intellektuellen Clique und galt als *womanizer*, was ja viel nobler klingt als *Frauenheld.* Doch er wirkte verletzlich, war häufig unansprechbar, zog sich zurück und versank immer wieder in heftigen Depressionen. *Der ewige Fremdling* titelte der *Spiegel.*

Die Massen konnte er umarmen. Bei einzelnen Menschen aber hatte er Schwierigkeiten.

RUT BRANDT

Melancholisch-Sanguinische zünden sich mehrenteils an beiden Enden zugleich an, reiben sich selber an Leib und Seele auf: Das fürchtet Freiherr Knigge und wir tun das auch. Und doch ist es natürlich möglich, selbst diese herausfordernde Temperamente-Mischung blank zu polieren. Man stelle sich vor, so ein leichtsinniger Sanguiniker riskiert Haus und Hof beim Pokern oder setzt sein ganzes Vermögen auf Internetaktien – wie gut, das Melancholische als Zauderer in petto zu haben. Und Avicenna lehrte, dass die *Melancholie bewirkende schwarze Galle, wenn sie mit dem Blut gemischt ist*, also mit dem sanguinischen Temperament, *mit Freude und Lachen verbunden* aufträte, dass also der melancholischen Traurigkeit dadurch die Spitze genommen werde.

Es gehört zum ganz normalen Alltag, dass Fähigkeiten, in denen man selbst nicht gut ist, auf andere Menschen delegiert werden. Jeder kennt die Politikergespanne von ein und derselben Partei, bei denen der eine Teil Zuverlässigkeit ausstrahlt und behauptet, die Renten seien sicher, der andere dagegen stürmisch und einschneidend für Jüngere und ihr Lebensgefühl zuständig ist. Man kennt dieses Prinzip von bestimmten Hundepaaren, die man immer wieder trifft: einer ist groß und kräftig und wedelt freundlich mit dem Schwanz und der andere ist klein, aggressiv und kläfft unentwegt. Man hat den Eindruck, der große lässt den kleinen an seiner statt bellen. So machen es auch die *guten* und die *bösen* Polizisten in Kriminalfilmen. Und so gehen auch manche Leute, die wir hier leider tadeln müssen, mit ihrem Temperament um. Sie trachten nicht redlich danach, ihre schwachen Seiten in den Griff zu bekommen, sondern lassen bellen, will sagen: sie suchen sich Partner aus, die da stark sind, wo sie selbst schwach sind.

Ein interessantes Paar in diesem Zusammenhang waren auch Willy Brandt und Herbert Wehner. Wehner wusste, dass er selbst keine Wahl gewinnen würde. Er war der Dunkelmann, der Stratege, die Spinne im Netz. Also puschte er den charismatischen Willy Brandt nach oben und versuchte, selbst die Fäden der Macht in der Hand zu behalten. Oder nehmen wir Jürgen Klinsmann und Joachim Löw. Der erste stand cholerisch-sanguinisch für Risiko, Aufbruch und strahlenden Optimismus. Er war der Wellenbrecher und verkündete vorbehaltloses Hundertprozentiges, an das er selbst absolut zu glauben schien. Niemals hätte es der zurückgenommene, ausgleichende Joachim Löw geschafft, die Leute mit seinen Vorstellungen für den Umbau der deutschen Nationalelf zu überzeugen – obwohl seine und Klinsmanns Vorstellungen wohl identisch waren. Man hätte ihm nicht geglaubt, weil er immer ein *Es kann natürlich auch sein, dass es nicht klappt* in den Mundwinkeln gehabt hätte. Als Löw doch noch Bundestrainer wurde, sagte er: *Der Strahl hat manchmal eine Kurve um mich gemacht.*

Vom Vater hab ich die Statur,
des Lebens ernstes Führen,
vom Mütterchen die Frohnatur
und Lust zu fabulieren.
Urahnherr war der Schönsten hold,
das spukt so hin und wieder.
Urahnfrau liebte Schmuck und Gold,
das zuckt so durch die Glieder.
Sind nun die Elemente nicht
aus dem Komplex zu trennen,
was ist dann an dem ganzen Wicht
original zu nennen?

JOHANN W. V. GOETHE

Typisch daneben

Kurze Geschichte eines langen Irrwegs

Mag sein, dass die Verantwortung für das nette Grübchen im Babykinn von Mutters Verwandtschaft reklamiert wird und die auffallend feingliedrige Nase von Vaters Sippe. Die einzigartige Mixtur der Erbanlagen für Knochenstrukturen, für Augenformen, Ohrläppchen, Brauenbogen und anderes, die Physiognomie also, wird unschuldigen Kindern in die Wiege gelegt. Doch zudem nehmen sie ab sofort etwa dreißig Gesichtsmuskeln in Gebrauch, von denen rund die Hälfte für die Mimik zuständig sind. Jedem Menschen steht also eine Vielzahl differenzierter Ausdrucksmöglichkeiten zur Verfügung, die sich den ererbten Details zugesellen.

> Ab einem gewissen Alter
> ist jeder Mensch
> für sein Gesicht
> selber verantwortlich.
>
> ALBERT CAMUS

Goethes rhetorische Frage, was *an dem ganzen Wicht* dann überhaupt noch original zu nennen sei, kann zumindest für die äußere Erscheinung klar beantwortet werden, denn mit zunehmendem Alter werden diejenigen Muskeln gestalterisch die Oberhand gewinnen, die am häufigsten in Anspruch genommen wurden.

Zwar hat man je nach Temperament eine grundsätzliche Neigung zum *Depressor anguli oris* (Mundwinkelherabzieher), zum *Musculus frontalis* (Augenbrauenheber) oder vielleicht eher zum *Zygomaticus major,* auf Deutsch Lachmuskel genannt. Welche Muskeln jedoch tatsächlich am aktivsten sind, liegt in der freien Entscheidung des Einzelnen und somit ist es zweifelhaft, ob man dem Gegenüber das Temperament am Gesicht ablesen kann. Denn nur wer sich dauerhaft zum Sklaven seiner spontan aufsteigenden, temperamentsabhängigen Emotionen gemacht hätte, ähnelte den maskenhaften Skizzierungen der Temperamentstypen, die vor allem im 18./19. Jahrhundert, gern auf Kalenderblättern, Verbreitung fanden. Da hat das sanguinische nach oben und das melancholische nach unten gezogene Mundwinkel, das phlegmatische zeigt sich gleichmütig und das cholerische mit der obligatorischen Zornesfalte zwischen den Brauen.

Der Ausdruck in lebendigen Gesichtern variiert in unendlich vielfältigeren Szenen. Tragödien, Lustspiele, Dramen, Grotesken – auf der Bühne der Gesichter werden sie kommentiert. Für die einen mag gar der gesamte Spielplan ein einziges Trauerspiel sein. Anderen geht kaum etwas so richtig unter die Haut. Alle Empfindungen, zu denen Menschen fähig sind, prägen mehr oder weniger tiefe Gräben zwischen Nasenflügeln und Mund, ritzen strahlenförmige Lachfältchen in die Augenwinkel, formen Denker- oder Kummerfalten, lassen einzelne Muskelpartien hervortreten oder erschlaffen. Je nach Temperament, Lebenserfahrung und Bildungsstand kann ein und dasselbe Stück gänzlich unterschiedlich interpretiert werden. Das gilt nicht nur für Theaterkritiken, sondern auch für die Art und Weise, wie man das Leben, die eigene Biographie, auffasst. Dazu kommen traditionelle Unterschiede in den verschiedenen Kulturkreisen. In einigen asiatischen Ländern etwa ist es unhöflich, die Gegenüber traurig anzuschauen. So erzählte Prinz Sihanouk aus Kambodscha im Fernsehen unentwegt lächelnd von der Ausrottung seiner Familie durch die Roten Khmer.

> Die ein Hübelchen auf der Nase haben, sind gemeiniglich Spötter von Neigung.
>
> IMMANUEL KANT

Alle Gesichter haben ihre individuelle, vom Besitzer zum großen Teil selbst geschriebene Geschichte und lösen subjektive Empfindungen wie Sympathie oder Antipathie aus. Ein Zusammenspiel zwischen Körper und Seele ist unbestritten, doch kann man zuverlässig objektive Aussagen treffen über das Wesen eines Menschen anhand äußerlicher Merkmale? Diese Frage fand schon in vorchristlicher Zeit und über alle Kulturzeitalter hinweg reges

Interesse und die Antwort war meistens *Ja.* Unter den zahllosen Liebhabern der Körperdeutung im Allgemeinen und der Gesichtslesekunst im Besonderen finden sich viele berühmte Namen, doch was sie herausgefunden haben wollen, mutet uns heute zum großen Teil nur noch komisch an. Aus dem Umkreis des großen Aristoteles etwa, vielleicht gar von ihm selbst, stammen Behauptungen, wie Menschen mit flachen Nasen seien lasziv, kleine Ohren ließen auf Trägheit schließen oder Menschenhaar, das sich an den Enden kräusele wie das Haar der Löwen, weise auf besonderen Mut hin. Diesen schrieb man vor allem den Cholerikern zu. Dichter Haarwuchs dagegen, so später Galenus, zeige den Melancholiker. Aber nur im mittleren Alter!

Im Mittelalter hatten unschöne Menschen, besonders solche mit Behinderungen, wenig zu lachen, denn sie galten als verwandt mit dem hinkenden Bösen. Je mehr die Neuzeit heranrückte, desto unsicherer wurden allerdings die Gelehrten, ob ein schöner Mensch wirklich zwangsläufig auch eine schöne Seele haben müsse oder ob Satan mit deren Aussehen vielleicht nur blenden wolle.

Johann Caspar Lavater, dessen Hauptwerk *Physiognomische Fragmente* am Ende des 18. Jahrhunderts so etwas wie Kult war und europaweit Aufsehen erregte, war überzeugt, die Seele des Menschen zeige sich am reinsten in seinen ererbten Gesichtsstrukturen. Warum, fragte er sich, solle ausgerechnet *die Feindin aller Zwecklosigkeit, die Natur, grundlos oder zwecklos wirken?* Wirklich weise Menschen zum Beispiel, so behauptete er ernsthaft, hätten niemals eine Warze am Kinn und Menschen mit breitem Nasenrücken und einer knopfartigen Spitze seien kraftvoll und genialisch. Natürlich gab es schon zu Lebzeiten Lavaters Verächter seiner Lehren. Lichtenberg, der Spötter aus Göttingen (und selbst nicht gerade das Urbild eines Adonis), war ein Liebhaber der Pathognomik: Was Lavater aus dem Ererbten herauszulesen meinte, versuchten deren Anhänger stattdessen in der Mimik zu entdecken. *Er sollte einmal die Köpfe sehen, die bei seiner Physiognomik sind geschüttelt worden,* höhnte Lichtenberg und veralberte Lavater, indem er scheinbar ernsthaft in der Form von Schwänzen nach Entsprechungen im jeweiligen Charakter des Tieres suchte.

Zu Goethes Zeiten brach in Deutschland die Mode der Schattenrisse aus. Das waren die Fotos des 18. Jahrhunderts. Man warf Köpfe im Profil als Schatten an die Wand, zeichnete die Umrisse nach, verkleinerte das Konterfei mit einem *Storchschnabel,* tuschte es dann flächig aus oder fertigte es aus schwarzem Papier. Die Bildchen wurden verschickt, getauscht, kopiert und in den Salons leidenschaftlich interpretiert. Goethe, der selbst mit Vergnügen viele solcher Porträts geschnibbelt hat, war sehr angetan vom Profil der ihm bis dahin unbekannten Frau von Stein, las *Naivität, Güte* und *Treue* heraus, sowie, etwas kryptisch: *siegt mit Netzen.* Wohlwollen fanden bei ihm auch stark idealisierte Porträts von sich selbst. Zufrieden äußerte er die Hoffnung, dass *die Idee, ich hätte so ausgesehen, in der Welt bleibt.*

In der aufblühenden positivistischen Wissenschaft des 19. Jahrhunderts machte die neue Disziplin der Phrenologie Furore, die aus messbaren körperlichen Merkmalen sowohl das Temperament, als auch Intelligenz, Schönheit,

Wahnsinn oder Rasse abzulesen trachtete. Der schwedische Naturforscher Carl von Linné verknüpfte seine biologische Systematik mit der hippokratisch/galenischen Säftelehre, teilte die Menschheit in vier Rassen, sprach jeder eines der Temperamente zu und würzte diesen Brei mit Werturteilen. Der *Europaeus* sei *sanguinisch, muskulös und vom Gesetz regiert.* Der *Americanus* sei *cholerisch, aufrecht und von Gebräuchen regiert. Melancholisch* dagegen sei der *Asiaticus* und dazu *blassgelb, steif und von Ansichten regiert.* Es bleibt der *phlegmatische Africanus*, für dessen Kopfform Phrenologen der Zeit gern Ähnlichkeiten mit Affen- und Hundeschädeln behaupteten. Er sei *schlaff* und *von Willkür regiert.* All diese Sumpfblüten entwickelten sich im Gewächshaus hehrer Wissenschaft und waren zunächst besonders bei den Kolonialmächten beliebt, die so Schandtaten an Eingeborenen mit deren angeblichem Untermenschentum verharmlosen konnten.

> Würde ich (…) mein Äußeres so schildern, wie ich mich inwendig kenne, würde das meinem Aussehen überhaupt nicht ähnlich sein.
>
> MILAN KUNDERA

Auch wertfreie Forschungen über Verschiedenartigkeiten pervertierten zu ideologisch untermauerten Verschiedenwertigkeiten und verschmolzen mit völkischen Nationalismen. Der Diplomat Joseph Graf von Gobineau behauptete 1853, der *germanische Arier* sei allen anderen Rassen körperlich wie geistig überlegen, und verstieg sich zu der Behauptung, niedrigere Rassen seien dazu da, als belebte Maschinen zu nützlicher Arbeit zu dienen. Richard

Wagner und sein Schwiegersohn Houston Chamberlain zeigten sich davon sehr angetan. Von Hitler bewundert, machte sich Letzterer Gedanken, wie die *arische Herrenrasse* vor ihrem *Antitypus*, dem *Juden*, gerettet werden könnte. Darwins Vetter Francis Galton meinte, man habe geradezu die Pflicht, dem vermeintlich Höherwertigem auf die Sprünge zu helfen. Von deutschen Rassetheoretikern wie Günther, Rosenberg oder von Eickstedt machtvoll unterstützt, griff der Rassismus in Europa um sich wie ein Feuer, das dann von den Nationalsozialisten im Holocaust zum Großbrand geschürt wurde. Heute weiß man, dass der Begriff Rasse beim Menschen schon deswegen völlig unangebracht ist, weil es keine genetische Reinheit gibt.

Brian Burrell spricht in *Im Museum der Gehirne* von ganzen Legionen von Forschern, die im 19. Jahrhundert an Gewicht und Struktur von Gehirnen Eigenschaften ihrer früheren Besitzer nachweisen wollten.

1955 erbeutete in Princeton der Pathologe Thomas Harvey Einsteins Gehirn, schickte es, in Würfelchen zerteilt, an Interessierte und hob den Rest in Einmachgläsern auf. Lenins Hirn wurde gar in 30.000 Scheibchen geschnitten, das Gehirn von Gauß einer Computertomographie unterzogen.

> Wo das Gebiet der Freiheit des Denkens und Handelns beginnt, hört das Bestimmen des Individuums nach Gesetzen der Gattung auf.
>
> RUDOLF STEINER

Alles umsonst! Weder vom Genie noch vom Wahnsinn und auch nicht vom Temperament war eine Spur zu finden. Doch biologistische Theorien haben nach wie vor

Konjunktur und man arbeitet mit immer feineren Methoden daran. Heute versuchen die so genannten Lebenswissenschaften physiologische und geistige Fähigkeiten, bis zur Funktion des Willens, aus chemischen und molekularbiologischen Vorgängen zu erklären.

In *Begegnungen* schreibt Joachim Fest, dass Martin Heidegger 1933 auf den Ausruf Karl Jaspers, wie denn ein so ungebildeter Mensch wie Hitler Deutschland regieren wolle, sagte: *Bildung ist ganz gleichgültig … Sehen Sie nur seine wunderbaren Hände an!* Aus dem Buch eines Münchner Professors von 1992 erfährt man, was Ohren über den Charakter verraten. Zum Beispiel: *Schrägstellung der Ohren mahnt zur Vorsicht* oder *Affenähnliche Ohren drücken animalische Vitalität aus.* Unverdrossen wird die Literatur über das Äußere der Temperamentstypen erweitert. Kein Wunder, dass hier unzählige widersprüchliche Aussagen zu finden sind. Mal werden Choleriker als dauererboste Menschen in Napoleon-Pose gezeichnet, klein und gedrungen, mit durchbohrend funkelnden Augen und blassem Teint. Ein anderes Mal sei es typisch für sie, groß und sehnig zu sein mit starkem Knochenbau, geschwollenen Stirnadern, kohlrabenschwarzen Augen und natürlich, wegen der Dauererregung, rotem Teint. Andere behaupten, den Choleriker erkenne man an der gelben Hautfarbe, denn er sei schließlich von gelber Galle beherrscht. Man braucht sich nur in seinem Bekanntenkreis umzuschauen, um zu erkennen, wie unsinnig dies ist.

Das Temperament eines Menschen erschließt sich in einer Gesamtschau seines Verhaltens, seiner Gebärden, seiner Art, sich zu bewegen, zu reagieren, zu sprechen. Nur die hochprozentigen Temperamente sind leicht zu identifizieren: Sanguiniker und Choleriker, die Extrovertierten, geben sich lebhaft und impulsiv. Die ersteren haben einen leichten, oft tänzelnden Gang, haben fließende, eher weiche Gebärden, während Choleriker fester auftreten, kürzere, energischere Gesten machen, dem Gegenüber kräftig die Hand drücken und dabei aufmerksam dessen Augen fixieren. Die introvertierteren Phlegmatiker und Melancholiker bewegen sich deutlich langsamer. Phlegmatiker gehen bedächtig und schlurfen lässig, stehen friedlich einfach so da und machen kleine Gesten mit den Händen, ohne die Arme zu gebrauchen. Melancholiker halten gern Distanz, bewegen sich auf fremdem Terrain zögerlich und haben oft einen schwachen Händedruck. Ihre Gestik ist anmutig, aber wie müde. Wer allerdings sein Temperament lieber verbergen will, kann sich natürlich jederzeit andere, wenn auch wesensfremde Gebärden antrainieren.

> Sie haben dicke und starke Adern, die heißes Blut von wachsgelber Farbe bergen, und auf der Brust sind sie dick und haben starke Arme.
>
> HILDEGARD VON BINGEN

Wer neidet, ist blind;
wer hasst, ist taub;
wer zürnt, der lahmt;
nur wer liebt, hat keine Gebrechen.

AUS GRIECHENLAND

Die Alchemie der Liebe

Gleich und gleich gesellt sich gern: das klingt vernünftig, aber wer ist in der Liebe schon vernünftig? Gewiss mögen Ähnlichkeiten in Bildungsgrad und Lebensstil eine solide Grundlage sein für langfristig angelegte Beziehungen, doch wenn es soweit kommt, dass zwei Menschen immer dasselbe denken, dann, so meinte Churchill, *ist einer von ihnen überflüssig.* Ist es nicht gerade das Andersartige, das auf den ersten Blick fasziniert und die Liebe aufregend, schwierig und damit lebendig macht? Wenn zwei Menschen *wie Feuer und Wasser* sind? Dazu sagt der Volksmund, der ja für alles und das Gegenteil davon einen Spruch parat hat: *Gegensätze ziehen sich an.*

»Sehen Sie mich an!«, sagte der Kreisel zum Ball. »Was sagen Sie nun? Wollen wir nun nicht Brautleute sein, wir passen gut zueinander. Sie springen, und ich tanze! Glücklicher als wir beide würde niemand werden!«

HANS CHRISTIAN ANDERSEN

In den gefühlsbeladenen Liebesbeziehungen spielen die Temperamente eine wichtige Rolle, denn am deutlichsten ertappen wir sie ja gerade in den spontan aufsteigenden, noch nicht vom Verstand geedelten Emotionen. Wenn also zwischen zwei Menschen und damit zwischen zwei unterschiedlichen Temperamente-Mischungen *die Chemie* stimmt, sollten wir uns mit dieser Verallgemeinerung zufriedengeben, denn unsereins kann all die möglichen Mischungsverhältnisse nicht auseinanderhalten. Für das gegenseitige Verständnis ist es jedoch sehr hilfreich, die Gemische so gut es geht in Reinstoffe aufzutrennen:

Choleriker: Nie nur ein bisschen

Choleriker wollen erobern oder mit Feuer und Schwert erobert werden. Halbheiten sind nicht ihre Sache. Wenn schon, dann ganz oder gar nicht. Ihre Liebesgeschichten gleichen weder neckischen Boulevardstücken noch seelenvollen Weichzeichner-Filmen oder subtilen Dreiecksgeschichten. Sie wollen die großen Epen auf Leben und Tod oder die Action-Filme mit den Superhelden. Ob Othello oder James Bond, ob ernsthaft dramatisch oder mit Augenzwinkern – Choleriker lieben es einmalig, spannend und überwältigend und sind damit besonders in einer fri-

> Ich brech' die Herzen der stolzesten Frau'n, weil ich so stürmisch und so leidenschaftlich bin. Mir braucht nur eine ins Auge zu schaun – und schon ist sie hin.
>
> BRUNO BALZ

schen Liebesbeziehung verschwenderisch. Der so genannte Playboy Gunter Sachs machte Brigitte Bardot einen Heiratsantrag, indem er aus einem Hubschrauber unzählige Rosen auf ihr Grundstück regnen ließ. Das bringt auch andere Männer mit heißem Cholerikerherzen auf blendende Ideen: Wie wäre ein Ritt auf Elefanten zum Hochzeitsmahl beim Maharadscha in einen indischen Palast? Oder ein Heiratsantrag auf dem Gipfel des Himalajas? Oder bei Windstärke acht auf einem Segelboot im Atlantik die Champagnerkorken knallen lassen? Die Geschmäcker sind verschieden, aber imposant sollte es schon sein und ein *Nein!* wäre Majestätsbeleidigung.

Etwas Grandioses, ja Herrschaftliches, strahlt Cholerikern aus allen Knopflöchern. Weibliche Choleriker reißen auf der Prärie wild den Zügel des Pferdes herum, werfen dem Verehrer den hochmütigsten Blick der Welt zu und galoppieren mit wehendem Haar davon. Oder sie sind die *Mutter-Courage*-Typen, die sich nie unterkriegen lassen und ihre Brut mit Zähnen und Krallen wie Löwinnen schützen. Oder sie arbeiten als *Grand-Dame*-Diven mit eisernem Willen an Talent, Aussehen und Karriere und lassen die Männer *verbrennen wie Motten im Licht.* Cholerikerfrauen würden sich lieber den kleinen Zeh abhacken, als einem Kerl hinterherzurennen und doch pocht ihnen meistens ein leidenschaftliches Herz im Mieder. Es sind Frauen, die aktiv lieben können und sich dabei ganz auf ihren Instinkt verlassen. Sie arbeiten gern selbständig, führen einen großen Haushalt ebenso locker wie geschäftliche Verhandlungen, treffen schnelle Entscheidungen und sind die ehrgeizigsten unter den Sportlerinnen, den Unternehmerinnen, den Opernsängerinnen, den Politikerinnen.

Privat mögen das nur ebenso starke Männer, womit keineswegs die Muskelpakete gemeint sind. Vielen anderen aber erscheint sofort eine *Lady Macbeth* oder zumindest eine Sigourney Weaver als weiblicher Rambo vor dem geistigen Auge. Sie werden nervös, suchen lieber gleich das Weite oder retten sich mit despektierlichen Bemerkungen unter der Gürtellinie, weil sie sich sexuell paralysiert fühlen. *Also wenn mir diese Frau begegnet,* sagte spontan ein Bekannter über eine imponierende Politikerin, *dann habe ich das Gefühl, mir schrumpft was.* Die sensibleren unter den weiblichen Cholerikern spüren diese männlichen Versagensängste, die bei der Partnersuche zum Problem werden können. Weibchen-Getue, naive Unschuldsblicke und Koketterie sind ihnen wesensfremd, aber als Mannweiber wollen sie auch nicht gelten und schon gar nicht wollen sie einen unterwürfigen *Waschlappen* als Mann. Manche versuchen, ihr Temperament im Privatleben gewaltsam zu unterdrücken. Doch bevor sie vor dem Spiegel das Maunzen und Gurren und den Schmollmund üben, müsste ihre biologische Uhr schon gefährlich mahnend ticken.

> Er wollte diese Frau buchstäblich besitzen, sie mit seiner Haut regelrecht umschließen, diesen makellosen weißen Leib in der Blüte der wilden, starken, animalischen Gesundheit der Jugend sich unterwerfen und ihn sich für immer aneignen. Vollkommene Liebe! Reine Wonne! Priapus, König und Herr! Herr des Universums! König des Dschungels!
>
> Tom Wolfe

Zorn ist ein Mann, Sanftmut eine Frau heißt ein Sprichwort. Auch zu Beginn des 21. Jahrhunderts scheint die traditionelle Rollenteilung zwischen den Geschlechtern festgefügt zu sein. Cholerische Männer haben es deutlich leichter als entsprechende Frauen. Selbst wenn sie Krawatte oder Gesundheitssandalen mit Socken tragen, haben Cholerikermänner immer etwas von kampferprobten Recken, die Tod und Teufel nicht fürchten und stets bereit sind, sich für die Liebste den wilden Tieren entgegenzustellen. Und das hat man doch immer wieder gern! Gab es unter den Supermännern der Action- und Abenteuerstreifen schon mal einen anderen Typus als den Choleriker? Ohne Zweifel sind solche Männer absolute Herzensbrecher, die auch mit Streifschuss am Arm und gebrochenen Rippen die Schönen vernaschen. Im Film wie auch im wirklichen Leben ist das eigentliche Jagdgeschehen für den Choleriker das Aufregendste. Anfangs muss die Schöne immer spröde sein, sonst wird's ihm langweilig. Und daher hören die Filme auch meistens dann auf, wenn der Held die Auserwählte endlich gekriegt hat, denn alles, was nachher kommt, macht längst nicht so viel her.

Im realen Leben schleicht sich der gewöhnliche Alltag unaufhaltsam nach den Flitterwochen ein und nicht selten sind es gerade die Choleriker, die dann aus allen Wolken fallen. Denn obwohl sie fest auf dem Boden der Tatsachen stehen, können sie im Privaten überraschend naiv sein. Sie haben einfach nicht bedacht, dass es nicht immer mit Pauken und Trompeten so weitergehen kann, sondern dass es noch andere Töne auf der Tonleiter gibt. Eine sensible melancholische Freundin erwog schon nach kurzer

Ehe die Trennung von ihrem cholerischen Mann. In gewissen intimen Momenten, die dem Höhepunkt zustrebten, so sagte sie, sei sie völlig abgelenkt von dem Eindruck, dass sich jeden Moment Scheinwerfer einschalteten und er den Einsatz zum Trommelwirbel geben würde.

Hildegard von Bingen meinte, Cholerikermänner ohne Liebespartner würden *in sich vertrocknen* und liefen herum, als seien sie *dem Tode nahe.* Das, meinte sie, und bezog sich damit auf Aristoteles, läge an der *heißen und trockenen Natur* dieses Temperamentes. Cholerikern aus dem geistlichen Stand riet sie, Frauen *wie Gift zu meiden* und *die Flucht vor ihnen zu ergreifen,* weil sie sich ansonsten kaum würden bremsen können. Ob die Klosterfrau Hildegard von Bingen aus persönlicher Anschauung oder doch eher aus der Phantasie sprach, wird sich nicht mehr feststellen lassen.

Choleriker schätzen Partner, die gut Spagat können. Einerseits wollen sie stolz auf den anderen sein und sie lieben den gemeinsamen glänzenden Auftritt vor staunendem Publikum. Andererseits nehmen sie aber die Hauptrolle als gottgegeben für sich allein in Anspruch. Da ist es verständlich, wenn ein Paar aus zwei Cholerikern manchmal wie ein Feuer und sein Gegenfeuer wirken. Sie schnappen sich gegenseitig das Brennmaterial vor der Nase weg und verlöschen erst, wenn alles abgebrannt ist. Beide wollen die Führung übernehmen und kommen nur dann gut miteinander aus, wenn sie sich gegenseitig als gleichrangig respektieren können

> Frauen lieben die Besiegten. Aber sie betrügen sie mit den Siegern.
>
> TENNESSEE WILLIAMS

und außerdem gemeinsame Ziele haben. Mir stehen da unsere polnischen Freunde vor Augen, beide Choleriker, die viele Jahre lang mit großer Zivilcourage und im schönsten Einvernehmen mitgeholfen haben, das kommunistische System zu unterminieren. Nach dem Sieg der Solidarność aber war ihnen das Ziel abhanden gekommen, für das es sich gemeinsam zu kämpfen lohnte, und sie gerieten nach dreißigjähriger Ehe so heftig und ausdauernd in Streit, dass auch die Freunde sich nach und nach davonmachten.

Wer in einen Feuermenschen vernarrt ist, braucht gesundes Selbstbewusstsein. Das gilt besonders für die introvertierten Temperamente wie Phlegmatiker und Melancholiker, die beide ein perfektes, ausgleichendes Gegenüber sein könnten, die aber neben *number one* leicht in eine Statistenrolle geraten. Kämen sie auf die Idee, sich für ihre cholerischen Partner aufzuopfern und dafür auch noch Dankbarkeit einzuklagen, ginge das mit Sicherheit schief, denn Choleriker können auf Jammern und Klagen äußerst hartherzig reagieren. Sowieso finden sie jede Form von unterwürfiger oder anbiedernder Attitüde abstoßend.

Ein cholerisches Temperament ist wahrscheinlich, wenn es sich nicht zu abstoßend gebärdet, von allen Gemütsarten dasjenige, das die Phantasie der Frauen am ehesten zu erregen und zu beschäftigen vermag.

STENDHAL

Sanguinische Geliebte ziehen Choleriker mehr in die Leichtigkeit des Seins und helfen ihnen, sich nicht in ein Ziel zu verbeißen. Auch beim »Gut-Wetter-Machen« sind sie wichtig. Wie zufällig tauchen sie bei all denen auf, die ihr Partner gerade vor den Kopf gestoßen hat, scherzen und erkundigen sich harmlos nach dem letzten Urlaub und der Familie. Allerdings scharen auch sie Zuhörer um sich und erzählen gern. Das aber kann ihre Beziehung heftig vergiften. Jeder kennt das betretene Schweigen einer Tischgesellschaft, die die spitzen Versuche eines sanguinischen oder cholerischen Paares ertragen muss, sich gegenseitig das Wort aus dem Mund zu nehmen. Auf jeden Fall aber sorgt diese Temperamente-Mischung für eine Beziehung mit Donner und Gloria, mit wilden Streits und wilden Versöhnungen, mit Lust und Leidenschaft – manchmal auch mit tiefem Abscheu, nein, mit klaftertiefem Abscheu. Wenn schon, denn schon.

Choleriker finden es unter ihrer Würde, ewige Treue zu schwören, und außerdem beflügelt sie ein kapitaler Jagdtrieb, der auf Schonzeiten kaum Rücksicht nimmt. Ihren Partnern verlangen sie also ein volles Maß an Großzügigkeit ab, denn wenn diese meinen, sie mit verheulten Augen unter Druck setzen zu können, werden Choleriker genau das tun, was sie verhindern wollen. Mit nichts bindet man Choleriker stärker an sich, als wenn man ihnen ihre Freiheit lässt. Fühlen sie sich aber geliebt, geachtet und oft auch mal bewundert, steht man loyal zu ihnen, lässt man ihre Provokationslust und Ungeduld an sich abprallen und nimmt ihre gelegentlichen Prahlereien mit Humor, wird man mit offenen, großzügigen, aktiven Partnern belohnt, die als Bollwerk vor der bösen Welt stehen, so man das will, oder Ängstlicheren Mut machen, Neues zu wagen.

Melancholiker: Laden nicht in Frittenbuden ein

Melancholiker stürzen sich nicht leichtfertig in irgendein Abenteuer. Es ist schwierig, ihnen etwas vorzumachen. Wer sie umgarnen will, muss sich schon was einfallen lassen, denn für kurze, oberflächliche Flirts sind sie sich einfach zu schade. *Man kann sich doch nicht einfach Wildfremden an den Hals werfen! Weiß man denn, ob er/sie wirklich zu einem passt? Weiß man denn, ob er/sie es ernst meint?* Jeder, der mit den gerade üblichen coolen Sprüchen Melancholiker anmachen will, holt sich garantiert eine Abfuhr. Auch in der Liebe denken sie erst einmal nach, bevor sie handeln. Selbst jungfräuliche Melancholiker können sich intuitiv schon prophylaktisch die Verletzungen vorstellen, die eine flüchtige Affäre auslösen kann, denn Dünnhäutigkeit ist die Schwester der melancholischen Sensibilität. Manche zweifeln auch, ob sie die große Nähe aushalten, die eine Beziehung mit sich bringt.

Obwohl sie im Allgemeinen eine ausgezeichnete Menschenkenntnis haben, prüfen Melancholiker also sorgfältig, bevor sie sich ewig binden. *Wie könnte ich je heiraten,* klagte Curt Goetz, *ich muss Vertrauen zu einer Frau haben. Und eine Frau, die mich nimmt, zu der kann ich kein Vertrauen haben.* Haben Melancholiker sich aber erst einmal wirklich eingelassen auf eine Beziehung, Curt Götz hat gar zweimal geheiratet, dann gibt es kaum vertrauenswürdigere und

Schmerzt schon ein Stich
der Biene – Bedenke,
welchen Schmerz
der leiden muss, dem Eros
verwundete das Herz.

ANAKREONTISCH: EROS

mitfühlendere Liebende als sie. Sie haben ein tiefes Interesse an der Individualität des anderen Menschen und sind bereit, sich mit Leib und Seele ein Leben lang auf ihn einzulassen.

Eine gewisse kultivierte Lebensart gehört für gewöhnliche Melancholiker unabdingbar zur Liebe dazu. Meint man es ernst, so hüte man sich tunlichst, sie zu Currywurst mit Plastikgabel und einem Rotwein im Pappbecher in die nächste Frittenbude einzuladen. Auch verschwitzte Schmusereien auf Waldböden sind nicht wirklich ihre Sache, denn Melancholiker denken gründlich und können sich gut vorstellen, wie nachhaltig unangenehm Mücken und Ameisen sein können. Es muss ja nicht gleich die große Welt sein, doch für eine ästhetisch angenehme Umgebung und für größere und kleinere Aufmerksamkeiten sind sie sehr empfänglich. Melancholiker lädt man in die Oper, ins Konzert, ins Theater, ins noble Restaurant ein. Vor allem die Damen lieben stilvolle Garderobe, Tanz zu leiser Musik und Kerzenlicht, tiefe Blicke, intensive Gespräche. Außerdem duften sie immer gut. Über seinen unverzichtbaren Blumenstrauß darf der Verehrer aber keine entzückte Freude erwarten, sondern muss das wehmütige Lächeln genießen können, mit dem die Dame die Blumen betrachtet, als wolle sie sagen: *Ach, wie schnell ist Schönheit doch vergänglich.*

> Ein unglücklicher Mann ist ein Problem, das Frauen keine Ruhe lässt.
>
> DAVID NIVEN

Den weiblichen Melancholikern geht oft *ein Raunen* voraus! Sie fallen als aparte Erscheinungen auf, die genau wissen, was ihnen steht. Sie verlassen das Haus ungern mit Handtasche oder Lippenstift, die nicht perfekt zur Garderobe passen. Gleichzeitig aber wirkt ihre Eleganz so selbstverständlich, dass sie kaum jemand für eitel hält. Haben sie eine Stimme mit Timbre und bewegen sie sich lasziv im Zeitlupentempo, dann ist die Art, mit der sie den Kopf madonnenhaft geneigt halten, so umwerfend, dass selbst burschikose Männer zu Kavalieren mutieren. Greta Garbo etwa oder Ingrid Bergman wurden sicherlich nicht nur aufgrund ihrer klassischen Schönheit zu Legenden, sondern weil sie diesen hinreißend wehmütigen Charme ausstrahlten. *Die schöne Kunst der Kopfhängerei* heißt diese Ausdrucksform treffend in Kreisen von Liebhabern der melancholischen Lebensart. Stilvoll und anmutig leidet man am *Lebenmüssen* wie Petrarca: *Ich habe die reine Wonne gefühlt in meiner Melancholie.*

Die Liebe ist eine unheilbare Krankheit. Aber wer von ihr befallen ist, verlangt nicht nach Genesung, und wer daran leidet, will nicht gesunden.

Ali Ibn Hazm

Gewiss gibt es Melancholiker, die so zurückgezogen leben, dass man nicht sicher ist, ob sie überhaupt existieren. Oder es gibt die sich selbst ironisierenden, tragischkomischen und etwas schluderigen Stadtneurotiker, die Woody Allen unnachahmlich auf die Leinwand gebracht hat. Hier aber soll von einer Art die Rede sein, die in Künstler- und Intellektuellenkreisen beliebt ist und vielfältig in der Literatur beschrieben wurde, nämlich der des gemeinen männlichen Salonlöwen. Stilecht nennt er eine empfindsame Dichter- oder Künstlerseele sein eigen und sitzt im Smoking und mit einem samtig-ironischen Schmerzensblick wie Humphrey Bogart mutterseelenallein an der Bar. Oder, noch besser, klimpert Moll auf dem Piano. Mit demselben versnobten Blick können Salonlöwen natürlich auch James-Dean- oder Marlon-Brando-Posen einnehmen, in Lederkluft auf einer Harley sitzen oder im karierten Hemd auf einem Baumstumpf sinnend in den Sonnenuntergang schauen – Frauenherzen, so heißt es, nähern sich da auf der Stelle ihrem Schmelzpunkt.

> Ich lache, neige den Kopf behutsam, als überprüfte ich eine Erfindung. So tanze ich, tanze in der staunenden Haut, in der Umarmung, die mich erschafft.
>
> WISLAWA SZYMBORSKA

An Bewunderung mangelt es diesen Herren also nicht und wider dem ersten Anschein kann der gemeine Salonlöwe durchaus gesellig sein und über Witz und Esprit verfügen. Und dennoch, und das ist ja gerade das Besondere, umflort ein Schleier von Weltschmerz die blasse Denkerstirn. *Weinend muss mein Blick sich senken* … dichtete Nikolaus Lenau, der seinen Verehrerinnen Gedichte zusteckte und recht geschäftstüchtig gewesen sein soll. Ob es sich beim jeweiligen Salonlöwen nun um einen hochbegabten Menschen handelt, der schmerzlich an seiner Verletzbarkeit leidet, oder um einen sich selbst stilisierenden Wichtigtuer, müssen die Damen zu seinen Füßen dann jeweils selbst herausfinden.

Die Expertin Hildegard von Bingen muss äußerst schlechte Erfahrungen mit männlichen Melancholikern gemacht haben. Sie täten erst ganz friedlich, sagt sie, fielen aber dann völlig unvermittelt wie *reißende Wölfe* über das Objekt ihrer Begierde her und würden es am liebsten beim Liebesakt umbringen. Das wiederum flüstere der Teufel ihnen ein. Wir vernehmen dies mit Schaudern, wollen uns da aber lieber raushalten.

Eine skurrile Eigenschaft vieler Melancholiker ist, dass ihnen Komplimente peinlich sind. Manche fürchten sie geradezu. Sie messen ihre Fähigkeiten an den Höhen menschlicher Genialität und sind sich also selbst zwangsläufig immer zu wenig. Wenn etwa ein potentieller Liebhaber seiner Flamme zuraunt, wie überaus anziehend sie aussähe, mag es sein, dass die Schöne genervt auf Distanz geht. Schon Goethes Tasso flehte verzweifelt, Leonore möge ihm den Lorbeerkranz, mit dem sie seine Dichtkunst ehren wollte, wieder abnehmen, denn er brenne ihm *die Kraft des Denkens aus der Stirne.* Im Glück, davon ist Tasso, der Melancholiker, überzeugt, würde ihm das Dichtertalent sofort entfleuchen: *Im Glück verlässt sie mich, die angeborne Kraft, die standhaft mich dem Unglück, stolz dem Unrecht begegnen lehrte.* Sanguiniker dagegen ständen so einem *Herumgeeiere*, wie sie es nennen würden, völlig verständnislos gegenüber. Sie würden sich strahlend den Kranz aufsetzen und drei Tage lang die Puppen tanzen lassen.

Was für Launen halten mich, Fräulein! Ein Regen von Nervositäten geht ununterbrochen auf mich herunter. Was ich jetzt will, will ich nächstens nicht.

Franz Kafka an Felice Bauer

Melancholiker vergessen, ganz im Gegensatz zu Phlegmatikern, keinen Hochzeitstag und überhaupt keinen Tag, an dem irgendwas zum ersten Mal passierte. Die bei solchem *Schnickschnack* meist unromantischen Cholerikermänner lassen sich gern von der Sekretärin erinnern und sich von ihr auch gleich einen passenden Blumenstrauß für die bereits Eroberte besorgen. Melancholiker aber verwöhnen ihre Liebsten mit kleinen Geschenken, passenden Gedichten oder beziehungsreichen Arrangements. Sie mögen Rituale und finden feste Regeln, die das Alltagsgetriebe ölen, hilfreich und liebenswert. Allerdings können sie ziemlich nachtragend sein, wenn ihre Partner diese Regeln großzügiger handhaben. Die leichtlebigeren Sanguiniker etwa ziehen Spontanität allen Regeln vor und sehen in Melancholikern schnell miesepetrige Pedanten, die bloß schlechte Laune verbreiten.

> Warum brachte er schon heute Blumen, wenn sie doch erst morgen Geburtstag hatte? (...) »Du wirst morgen nicht daheim sein?« hieß sie ihn willkommen.
>
> Milan Kundera

Keinem anderen Temperament gehen Liebeskummer, Streit oder allgemeiner Weltschmerz so unter die Haut wie dem melancholischen. Thomas Mann hat viele solcher Charaktere in seinen Werken geschaffen, wie den lebensuntauglichen *décadent* Hanno Buddenbrook, den abgewiesenen Liebenden Tonio Kröger, den fein besaiteten, an einer unbarmherzigen Realistin zerbrechenden Herrn Friedemann oder, in *Der Tod in Venedig*, den moribunden Aschenbach: *Denn du musst wissen, dass wir Dichter den*

Weg der Schönheit nicht gehen können, sagt dieser zu einem imaginären Phaidros, *ohne dass Eros sich zugesellt und sich zum Führer aufwirft.*

Deprimierte, sich verletzt fühlende Melancholiker bohren sich spiralförmig immer tiefer in ihre Einsamkeit, nehmen keinen Telefonhörer mehr ab, brüten über das Geschehene, formulieren Briefe an die vermeintlich Schuldigen, obwohl sie mit diesen vielleicht unter einem Dach leben, und überlegen sich die Worte und die Art des Blickes, mit denen sie ihnen begegnen werden. Melancholiker sind nachtragend. Trifft es andere Temperamente, so sind diese oft ganz verdutzt, weil sie keine Ahnung mehr haben, um was es eigentlich geht.

Je weniger Melancholiker ihr Temperament in der Hand haben, desto größer ist die Herausforderung für ihre Partner, die sich dann oft auf eine Art und Weise kritisiert fühlen, als müssten sie dauerhaft überprüft, überarbeitet, entstaubt und sowieso veredelt werden. Fühlen sich Melancholiker lieblos behandelt – und das tun sie oft und schnell, so nehmen sie das absolut und höchstpersönlich und sind in tiefster Seele verletzt. *Du verstehst mich ja sowieso nicht!* Und überdeutlich zeigen sie dann, dass sie jetzt noch viel mehr leiden müssen, obwohl sie doch an sich schon so oft leiden, und das alles nur, weil

Was kann der Sigismund dafür, dass er so schön ist? Was kann der Sigismund dafür, dass man ihn liebt? Die Leute tu'n so, als ob Schönheit ein Vergeh'n ist. Man soll doch froh sein, dass es sowas Schönes gibt!

ROBERT GILBERT

der andere so rücksichtslos war. Manche Melancholiker manipulieren ihre Partner auf diese Weise in einen Dauerzustand des schlechten Gewissens und erreichen sehr geschickt, dass sich alles nur noch um ihre Befindlichkeiten dreht.

Zwar haben die meisten Melancholiker die Kraft, sich auch bei schwerem Liebeskummer über Wasser zu halten, doch die Grenze zwischen einem Depressiönchen und einer Depression ist bei manchen von ihnen durchlässig. Wenn sie wie ein dem Tode geweihtes Häufchen Elend auf dem Sofa hocken, ist die Gefahr groß, dass sie in einen Strudel geraten, aus dem sie allein nicht mehr herauskönnen. Dann brauchen sie sofort und intensiv Hilfe, möglichst bevor Goethes Werther auf ihrem Nachtisch liegt.

Sanguiniker: Meister der Inszenierung

Sanguiniker flirten für ihr Leben gern und halten stets Ausschau nach den leuchtendsten Blumen am Wegesrand. Vermutlich liegt das an den Schmetterlingen in ihrem Bauch. Das Leben ist lebenswert und jeder Mensch ist ein Überraschungspaket. Sie grübeln nicht lange herum, ob ein Flirt Chancen hätte, sich zu einer lebenslangen Liebe auszuwachsen. Treue ist, solange nichts Interessanteres kommt. Das gilt zumindest für die jungen und buntesten Paradiesvögel. Schließlich ist man nie mehr so jung wie jetzt und morgen ist man vielleicht schon tot.

Sanguiniker mögen sich und sind sicher, auch anderen zu gefallen. Sie lieben es extrovertiert, lebhaft und aktiv. Romantiker haben bei ihnen also nicht die besten Karten, denn zart besaitete Gemüter finden sie zum Gähnen. Wer die Angel nach ihnen auswirft, muss vor allem gut drauf sein, witzige Geschichten erzählen können und jede Menge Überraschungen parat haben. Fragt ein neuer Bekannter, kaum, dass man sich begrüßt hat: *Willst du mit mir schlafen?*, nehmen sie das nicht übel, denn prüde sind sie selten. Man kann doch schließlich nein sagen, oder? Es gibt kaum etwas, das verliebte Sanguiniker nicht mal ausprobieren wollen. Sich im Museum einschließen lassen, zum Beispiel, und dann gemeinsam eine Nacht im Bett von Maria Theresia verbringen. Oder mit Kleidern in den Hotel-Swimmingpool fallen. Oder im Abendanzug mit dem Sektglas in der Hand auf dem Kettenkarussell fliegen. Oder zwischen dem sechsten und achten Stock den Aufzug blockieren und Liebe machen. Oder dasselbe im Passbildautomaten. Oder, oder, oder. Und jedes Mal schlüpfen sie in eine andere Rolle, passen sich an und erfinden sich neu. Es gibt nur eines, das ihnen wirklich absolut peinlich wäre: für Spießer gehalten zu werden.

Aber freue dich nur mit mir! Es ist so traurig, sich allein zu freuen.

GOTTHOLD E. LESSING

Wer auf der Pirsch ist nach diesen zweibeinigen Chamäleons, wird am sichersten fündig auf allen angesagten *events*, in Theatern und bei *happenings*, in Szenekneipen und Tapas-Bars, überall da, wo etwas als *Geheimtipp* gilt und wo Bussis verteilt werden. Sanguiniker abonnieren die örtlichen *Was-Wann-Wo*-Hefte und schaffen es, auf drei Vernissagen gleichzeitig zu sein. Sie interessieren sich aufrichtig für Kunst und Kultur, doch an erster Stelle steht das Gemeinschaftserlebnis. Man kann überall so interessante Leute kennen lernen und plaudern und Amüsantes erfahren! Hauptsache originell und aufregend. Bloß kein Dauergründeln und keine Tiefer-Sinn-Suche. Bloß nichts Asketisches. Bloß nichts Langweiliges und vor allem keine Langweiler, zu denen sie alle Neinsager und Pessimisten zählen. Ein Pessimist ist für sie jemand, der zu jeder Lösung ein passendes Problem kennt, oder, schlichter gesagt, eine Trantüte. Und da hört die Toleranz auf!

> Nach der Liebe ist die Eitelkeit die schönste Leidenschaft des Menschen. (...) Sie zwingt uns, gut zu sein, aus dem Drang heraus, so zu scheinen.
>
> GEORGE SAND

Männliche Sanguiniker geben so hinreißend den galanten Kavalier alter Schule, küssen so meisterlich Damenhände und säuseln so liebenswürdige Komplimente, dass die Umworbenen das Zwinkern in ihren Augenwinkeln nicht für ironisch, sondern für eine Fliege halten. Sanguiniker machen gern das, was gut ankommt. Sie sind ewig hungrig nach Harmonie und nach Frieden, sie schließen mit leichter Zunge Kompromisse und wirken offen und unkompliziert. Als perfekte Kommunikatoren binden sie andere Menschen mit gemeinsamen Erlebnissen und Gesprächen an sich, die durch von ihnen initiierte Erinnerungspraktiken frisch gehalten werden. So scharen sie viele Freunde um sich, die sie liebevoll pflegen, die mit Kosenamen, E-Mails und kleinen Geschenken gestreichelt werden und auf die sie nichts kommen lassen. Wer Sanguiniker heiratet, hat, natürlich nur im übertragenen Sinne, die Freunde immer mit im Bett.

Fällt bei der Erwähnung weiblicher Kinostars automatisch das Wort *entzückend*, wurden sie bekannt in sanguinischen Rollen: Audrey Hepburn als rehäugige Kindfrau in *Frühstück bei Tiffany* oder in *My Fair Lady*, die quirlig-wuselige Kathryn Hepburn als *African Queen* oder in *Leoparden küsst man nicht*, America's sweetheart Doris Day in *Spion in Spitzenhöschen* oder in *Bettgeflüster* oder im deutschen Film Liselotte Pulver, die vor allem in ihren neckischen Rollen wahrgenommen wurde, als *Kohlliesels Töchter* etwa oder im *Wirtshaus im Spessart*.

Eine gewöhnungsbedürftige sanguinische Seite ist ein schwaches Durchhaltevermögen und Sprunghaftigkeit. Viele sind mehrmals geschieden, allerdings mit den Verflossenen oft gut befreundet. *Also, mein Ex meint …* Die neue Sitte des Lebensabschnittsgefährtentums kommt vielen sanguinischen Wechseltierchen sehr entgegen. Schließlich ziehen sie auch Büffets, wo man überall ein bisschen anknabbern kann, jeder gedeckten Tafel vor. Melancholiker oder Phlegmatiker nehmen sie meist erst dann als potentielle Partner wahr, wenn sie frustriert sind von vielen schlechten Erfahrungen mit verwandten Temperamenten und vielleicht schon etwas in die Jahre gekommen sind. Sinken sie dann den ruhigeren Tempera-

Liebe kommt zuerst, aber gleich hinterher kommt Glanz und Ehre, und dann kommt Zerstreuung – ja, Zerstreuung, immer was Neues, immer was, dass ich lachen oder weinen muss. Was ich nicht aushalten kann, ist Langeweile.

THEODOR FONTANE

menten in die Arme, fühlen sie sich oft überraschend gut aufgehoben. Phlegmatiker geben ihren flatternden Herzen ein Nest und sorgen dafür, dass sie die Bodenhaftung nicht verlieren. Und wenn ihnen ihr kreatives Chaos über den Kopf zu wachsen droht, helfen Melancholiker beim Strukturieren von Ideen und üben einen leisen Druck aus, auch mal etwas wirklich zu Ende zu denken.

Allerdings können diese die typisch sanguinischen Übertreibungen gar nicht leiden und stellen hartnäckig richtig: Eine sanguinische Freundin amüsierte unsere Gäste mit einer urkomischen Geschichte von einem sich so wild küssenden Liebespaar, letzten Samstag, im Schillertheater, zwei Reihen vor ihnen, dass ein Schauspieler auf der Bühne spontan dazu eine Bemerkung gemacht und das halbe Theater darüber gelacht habe. Ihr melancholischer Partner sagte daraufhin ungerührt, man sei letzten Samstag nicht im Theater, sondern im Kino gewesen, und die Sache mit den Küssenden und dem Schauspieler hätten Freunde ihnen berichtet. *Ach ja, stimmt!*, sagte unsere Freundin daraufhin kichernd und erzählte munter, wie es war, als sie letztens schon mal etwas verwechselt hatte: *Also, das war ja so komisch, hört mal …*

Sanguiniker versuchen gerne, Problemen mit dem Partner auszuweichen. Ernste Aussprachen sind nicht ihr Ding und sie geben geschmeidig nach, solange es möglich ist. Erstens halten sie sowieso nichts von in Stein gemeißelten Überzeugungen und zweitens brauchen sie für ihr Wohlbefinden eine harmonische Umgebung, die sie sich mit großer Kompromissbereitschaft erkaufen. Das fällt ihnen leichter als anderen Temperamenten, denn sie lassen gern mal fünfe gerade sein. Außerdem ist das Leben viel zu kurz, um sich mit irgendwas herumzuärgern. Also verzeihen sie schnell oder trennen sich schnell. Sie sind nicht nachtragend: *Du findest bestimmt jemanden, der besser zu dir passt!*

Geht ihnen die Krise selbst stark unter die Haut, können sie sich aber auch mit Haut und Haar einem Katzenjammer hingeben oder einen hysterischen Anfall kriegen, sich aufs Sofa schmeißen, an Wände hämmern und hemmungslos heulen. Manche ritzen sich auch ein bisschen die Pulsadern auf – aber normalerweise erst dann, wenn der Untreue/die Untreue schon das Garagentor aufschließt und sie sicher sein können, rechtzeitig gefunden zu werden. Ist jedoch Hopfen und Malz verloren, telefonieren sie tagelang, erzählen all ihren Freunden, was schief gegangen ist, schnäuzen sich und die Sache ist erledigt. Meine sanguinische Mutter tröstete in solchen Fällen: *Lass ihn entwischen, es gibt 'nen Frischen!*

Ein kluger Mann widerspricht nie einer Frau. Er wartet, bis sie es selbst tut.

HUMPHREY BOGART

Phlegmatiker: Kein Mensch muss müssen

Um es gleich offen zu sagen: Draufgängertypen sind Phlegmatiker nicht gerade. Sie erobern keine Herzen im Sturm, sie legen kein Balzgehabe an den Tag, sie schlagen nicht Rad und stecken sich keine Federn an den Hut. Sie brauchen eine ganze Weile, um überhaupt mit jemandem warm zu werden. Eigentlich ist es ihnen schon unangenehm, Fremde auch nur nach dem Weg zu fragen. Bis sie gar auf diejenigen Temperaturen kommen, die ein heißer Flirt braucht, müssen sie schon ordentlich angeheizt werden. Gehen sie wirklich einmal selbst tolldreist in die Offensive, was bei ihnen zum Beispiel heißen könnte, dass sie ihre Flamme auf einen Kaffee einladen oder ihr eine Postkarte schreiben, kann man sicher sein, dass die Leidenschaft sie über die Maßen gepackt hat. Bevor sie entscheiden, wollen Phlegmatiker erst einmal ausgiebig beobachten und so brauchen sie für alles etwas länger als andere Temperamente. *Wir wollen doch nichts überstürzen!*, sagen sie. Phlegmatiker sind Gefühlsmenschen. Ob lukullisch, geistig oder künstlerisch – Genüsse aller Art bereiten ihnen Labsal und Wohlbehagen. Sie genießen intensiv und sind auch empfänglich für erotische Situationen und den *Augenschmaus*, der darin liegen kann.

Die Liebe, die ist ja ganz schön.
Man muss aber auch essen.

JEAN GIONO

Um *fastfood* und Zeitgeistphilosophie, um übertünchte Fassaden, Silikon-Busen und alles andere Vorgetäuschte und Aufgeblasene machen sie einen großen Bogen. Auch für *one-night-stands* und andere flüchtige Sexualkontakte, gar käuflicher Art, haben sie wenig übrig. Wahre Liebe braucht Zeit und das kommt ihnen sehr entgegen. Nicht nur die weiblichen, nein, auch die männlichen Phlegmatiker mögen lange, lustvolle Vorspiele bei der Liebe, was sie für manche gestresste Frauen zu einer Entdeckung macht. Sie ziehen keine Schau ab, sie hampeln nicht herum, sie machen keine Sperenzchen, sie fragen nicht: *Wie war ich?* Sie geben sich ganz dem Augenblick hin und sind einfach so, wie sie sind. Auch in ihren Liebesträumen haben sie keine unerfüllbaren Ansprüche. Sie sehnen sich nicht nach makellosen Barbiepuppen-Engeln oder männlichen Halbgöttern mit Waschbrettbauch, sondern finden auch unter Durchschnittsmenschen genügend Liebenswertes. Phlegmatiker haben keinerlei Missionierungsbewusstsein und würden sich nie einen Partner suchen, von dem sie denken, ihn im Laufe der Zeit noch zurechtbiegen zu können. Wen sie wählen, wird so akzeptiert, wie er ist. *Die Welt, obwohl sie wunderlich,* dichtete Wilhelm Busch, *ist mehr als gut genug für mich* und sprach damit Phlegmatikern gewiss aus dem Herzen. In der Liebe sind Phlegmatiker pragmatischer als Choleriker, beständiger als Sanguiniker und optimistischer als Melancholiker.

Phlegmatiker können jedoch äußerst stur sein. Wenn ihre Herzallerliebsten ihnen für Nachbarn und Freunde eine bestimmte Rolle vor der geschönten Fassade ihrer Partnerschaft zuweisen, beißen sie bei ihren phlegmatischen Partnern auf Granit. Zwar ist jede Art von Zwang Phlegmatikern zuwider, doch auf passive Weise üben sie ihn sehr wohl aus, indem sie sich zum Beispiel hartnäckig weigern, zu tun, als seien sie jemand anders oder etwas anzuschaffen, weil es so *en vogue* ist. Andere Leute dürfen alles mögliche gut finden. Und was hat das mit ihnen zu tun? Nicht, dass sie keine Bedürfnisse hätten, aber der teuerste Schlitten

> Es müssen nicht alle heiraten, die einmal zusammen gähnen.
>
> OVID

der ganzen Straße oder eine Erwähnung im Guiness-Buch der Rekorde gehören gewiss nicht dazu. Die große Welt mag bunt und aufregend sein, doch man ist da ja derselbe wie zu Hause auch. So finden sie ihr eigenes Leben nicht wichtiger oder unwichtiger als irgendein anderes – und sei es das des Kaisers von China. Wozu sich also über Gebühr abstrampeln?

Sehen sie sich aber *gezwungen*, etwa eine Ikea-Kommode zusammenzubauen oder Bilder aufzuhängen, dann tun sie es auf jeden Fall sorgfältig. *Sonst lohnt sich ja der ganze Aufwand nicht!* Während unsere Phlegmatiker dann also mit Bedacht Leiter, Werkzeugkasten, Wasserwaage und Winkel aus dem Keller holen, einen Bleistift anspitzen, für alle Fälle auch etwas zum Trinken und vielleicht noch ein Schälchen mit Erdnüssen herbeiholen und nun gerade die Wand vermessen wollen, haben ihre sanguinischen Partner vielleicht schon einen vergessenen Nagel auf dem Fensterbrett gefunden, den sie, auf einem Stuhl balancierend, mit Hilfe einer stabilen Geflügelschere probeweise solange einschlagen und wieder rausziehen, bis das Bild da hängt, wo es soll. In solchen Situationen können Phlegmatiker ganz überraschend und wesensfremd explodieren.

> Sie blieb ihm treu, was ihm ein Rätsel war. Die Weiber sind halt unberechenbar.
>
> VOLKSMUND

Weibliche Phlegmatiker haben oft eine feminine, gefühlsbetonte, sinnliche Ausstrahlung – weich, geduldig und unaggressiv. Sie sind passiver als andere Frauen. Man fühlt sich zu ihnen hingezogen, weil sie zuhören, weil sie wenig herummäkeln, weil sie treu sind, weil sie liebevoll ihre Arme ausbreiten für die Mühseligen und Beladenen, weil man das Gefühl hat, an ihrem Busen zur Ruhe kommen zu können, und weil sie oft diesen echten Humor haben, den, der trifft, aber nicht verletzt. Phlegmatikerinnen sind nicht kapriziös und selten eitel. Während andere Frauen *Toilette machen* oder *Kleider anlegen*, werfen sie sich irgendeinen Schlabberpulli über. Sie nehmen sich selbst nicht so wichtig und werden daher leicht unterschätzt. Statussymbole imponieren ihnen kaum und geizige Ehemänner können unbesorgt zu den Öffnungszeiten mit ihnen an Schmuckgeschäften vorbeigehen. Nicht nur an Sonntagen.

Nur wer selber ruhig bleibt, kann zur Ruhestätte all dessen werden, was Ruhe sucht.

LAOTSE

Dass zwei Phlegmatiker ein Paar werden, ist selten, denn meistens finden sie sich schon beim Kennenlernen zu langweilig. Sanguiniker oder Choleriker blasen ihnen eine frische Brise über ihr stilles Wasser und bringen mehr Wellenschlag in ihr Leben. Und Phlegmatiker mögen es sehr, wenn ihre Partner fröhlich sind, das Reden für sie übernehmen und all die Kontakte aufrechterhalten, die sie selbst würden einschlafen lassen. Wenn die Liebe groß genug ist und man sich im Laufe der Beziehung nicht doch gegenseitig als Verhinderer auf der einen und Ehrgeizling auf der anderen Seite brandmarkt, passt in so einer Beziehung der Deckel perfekt auf den Topf.

Der heftig cholerische, ja gewalttätige Esteban Trueba aus Isabel Allendes *Das Geisterhaus* beißt sich ausgerechnet an seiner sanftmütigen, phlegmatischen Frau Clara die Zähne aus, und das, obwohl er Clara die ihren in einem bösen Zornesanfall ausgeschlagen hatte. Wer meint, sich mit seinen phlegmatischen Gespielen streiten zu müssen, wir gehen hier natürlich nur von verbalen Auseinandersetzungen aus, hat es nicht leicht, denn es ist schon eine Herausforderung, sie überhaupt herauszufordern. Sie nehmen den Ball einfach nicht an. Wer sagt, dass sie sich zwangsläufig beleidigt fühlen müssen, wenn jemand anderes den Beleidiger spielen will? Es bedeutet ihnen nichts, recht zu behalten oder sonst wie zu siegen. Natürlich haben sie Gefühle, Träume und Wünsche, aber die besonders mundfaulen unter den Phlegmatikern haben wenig Bedürfnis, sie zu erklären. Natürlich haben sie auch Beweggründe und Absichten, aber sie erzählen davon nur auf beharrliches Nachbohren. *Nun lass mich mal in Ruhe!*, sagen sie, oder: *Mach doch einfach, was du willst!*, oder *Ja, du hast recht!*

Gutwillige Phlegmatiker lassen sich ohne Widerrede von ihren extrovertierten Partnern überall mit hinschleifen und finden es geradezu angenehm, sich darüber keine Gedanken machen zu müssen, wen man wann zum Abendessen einlädt. Das geht solange gut, wie sie innerlich zustimmen können. Ist das jedoch nicht der Fall, wiegen sie von einer Sekunde zur anderen plötzlich eine Tonne und besitzen keine Ohren mehr. Ohne es ihrem phlegmatischen Mann zu sagen, hatte eine Nichte von uns sich nach dem gemeinsam geplanten Konzertabend *auf ein Gläschen Wein* mit ihrer unentwegt plappernden Freundin und deren immerzu dröhnendem Freund verabredet. Ihr Mann, schon im Abendanzug, setzte sich daraufhin in einen Sessel, schlug die Beine übereinander und die Zeitung des Tages auf und war nicht mehr ansprechbar, während seine Frau vor unseren Augen vergeblich um diesen Sessel flatterte, an seinem Ärmel zerrte, flehte und gurrte. Keine Chance! Wir fanden das sehr viel komischer als sie.

Mit Einverständnis muss die phlegmatische Duldsamkeit also nichts zu tun haben. Kommt es Phlegmatikern irgendwann in den Sinn, sie seien für ihre Partner der Trottel vom Dienst oder schauen sie häufig in ein miesepetriges, vorwurfsvolles Gesicht oder sind sie täglich Gardinenpredigten ausgesetzt, halten sie das manchmal jahrelang aus. Sie werden nicht aggressiv, streiten wenig, klagen nicht, exaltieren sich nicht, drohen nicht mit Mord und Totschlag. Sie beschließen irgendwann für sich, nun sei es genug und dann gehen sie Zigaretten holen und werden nie mehr gesehen.

Ein kluger Mann macht
nicht alle Fehler selbst.
Er gibt auch anderen eine Chance.

WINSTON CHURCHILL

Temperamentvolle Berufswahl

Was die einen quält, macht anderen Freude

Gewiss gibt es unvorhersehbare Schicksalsschläge, die einen nichts ahnenden Menschen wie blitzartig aus heiterem Himmel treffen. Hat es sich jedoch ein Phlegmatiker in den Kopf gesetzt, Animateur im Club Mediterranée zu werden oder kriegt eine Cholerikerin als Sachbearbeiterin im Archivwesen das heulende Elend oder macht ein Melancholiker Konkurs mit seiner Strandkneipe am Ballermann in Mallorca, klingt dieses Unglück eher hausgemacht. Und wird ein lebenslustiger und leichtblütiger Sanguiniker zum Präsidenten im internationalen Bankengeschäft gekürt, sollte man die Möglichkeit, dass er eine private Sylvestersause seiner Großfamilie im feinsten Hotel der Stadt über die Firma abrechnet, größer einschätzen, als wäre er melancholisch oder phlegmatisch.

Selbst wer bereit ist, sich voll und ganz auf die Anforderungen einer Aufgabe einzustellen – was die einen in Versuchung bringt, lässt andere kalt, was die einen plagt, macht anderen Spaß und wo die einen immer etwas gequält wirken, sind die anderen ganz in ihrem Element. So heißt es auch überaus weisheitsvoll in China: *Wer nicht lächeln kann, sollte keinen Laden aufmachen.* Wer dies nicht einsehen mag, wird dauerhaft die Bestätigung finden, zu den Verlierern zu gehören. In seinem Buch *Die Kunst, unglücklich zu sein* empfiehlt Paul Watzlawick noch etliche weitere Variationen des Scheiterns.

> Lass jedermann das tun, was er am besten versteht.
>
> MARCUS TULLIUS CICERO

Wie viele unglückselige Berufsentscheidungen könnten vermieden werden, würde man in die Selbstanalyse sein Temperament mit einbeziehen! Denn selbst wenn Talente, Intelligenz und Papas Geldbeutel ähnlich groß wären – im Temperament liegt der Unterschied. Lebe ich bei scharfen Debatten erst richtig auf oder steigt beim bloßen Gedanken an *das ewige Gebabbel* Widerwille hoch? Würde ich ohne kreativen Spielraum vertrocknen wie ein Erdbeerpflänzchen in der Wüste? Schießt spontan ein freudiger Adrenalinstoß durch die Adern beim Gedanken, verantwortlich für die Arbeitsplätze anderer Menschen zu sein, oder schnürt sich mir der Hals zu? Würde ich gerne im Großraumbüro im Team arbeiten oder lieber in Ruhe im eigenen Raum vor mich hin puzzeln? Ist mir Karriere so wichtig, dass ich meine Liebsten dafür auch allein in Urlaub fahren ließe? Man kann nicht alles werden, was man sich erträumt, doch die speziellen Fähigkeiten, die in jedem Temperament stecken, fächern eine solch stattliche Bandbreite von Möglichkeiten auf, dass jeder damit zufrieden sein könnte.

Wer sein Temperament kennt, weiß mit der Zeit immer besser, wo die persönlichen Stolperdrähte gespannt sind. Und kommt es zu Machtgerangel um Zuständigkeiten, kann man sich mit ein wenig Übung rechtzeitig auf die temperamentetypischen Stärken und Schwächen der Konkurrenten einstellen. Bei Duellen ist es gar lebenswichtig, die Waffe, auf welche die Wahl des geschäftlichen Gegners fällt, vorauszuahnen und gnadenlos den Vorteil zu nutzen. Nicht so martialisch denkende, also bessere Menschen, finden schlicht Vergnügen daran, mit einem anderen Temperament ein Tänzchen zu wagen, bei dem man versucht, aufeinander einzugehen, ohne sich dauernd auf die Füße zu treten. Das entspannt den Umgang miteinander auf überraschende Weise! Eine junge Architektin, die an ihrem neuen Arbeitsplatz in größerer Runde einen Entwurf vorstellt, lässt sich nicht mehr so leicht nervös machen von einem überaus gelangweilt wirkenden Zuhörer, der ihre Ideen mit keinem Wort gewürdigt hat. Ihr erster Gedanke ist nicht: *Er hat was gegen mich!* oder *Was habe ich bloß falsch gemacht?* Statt ihm verkrampft zu begegnen, vermutet sie stattdessen, der Mann könne Phlegmatiker sein und habe nicht das Geringste gegen sie. Sie wird ihn unbekümmerter und offener ansprechen und herauszufinden suchen, ob ihre Vermutung richtig ist.

> Wer nicht kann, was er will,
> muss wollen, was er kann.
>
> LEONARDO DA VINCI

Bei einem Interview mit den beiden Chefs einer sehr erfolgreichen Werbeagentur stellte sich heraus, einer *war der extrovertierte Schnellarbeiter,* der die Firma managte,

Kunden hereinholte und *erst in Gesellschaft von wenigstens 30 Leuten so richtig aufblühte,* und der andere sagte, er schriebe am liebsten E-Mails. *Am zweitliebsten rede ich mit einem Menschen. Je mehr es werden, desto unwohler fühle ich mich.* Der erste präsentierte den Kunden das, was der andere sich im stillen Kämmerlein ausgedacht hatte. Die Zusammenarbeit funktionierte so perfekt, weil jeder seine Stärken einbringen und seine Schwächen delegieren konnte.

Eine Gesellschaft braucht alle vier Temperamente, so wie die Natur das ökologische Gleichgewicht braucht. Kein Personalleiter kann ein gutes Händchen haben bei der Auswahl von Bewerbern, wenn er nicht zumindest intuitiv Temperamentetypisches beachtete. Und man stelle sich vor, ein Projektleiter suchte sich blauäugig all diejenigen aus, die ihm besonders kräftig die Hand schütteln und fest in die Augen blicken und bekäme ein Team aus lauter Cholerikern. Dass alle das Monatsende unbeschadet an Körper und Seele erleben dürfen, wäre unwahrscheinlich. Überall da, wo mehrere Menschen miteinander auskommen müssen, wollen die Temperamente beachtet werden. Choleriker geben die Befehle und sie gehören, keine Frage, zur kämpfenden Truppe. Die Melancholiker sind für Etat und Logistik zuständig. Sanguiniker machen sich gut als Verbindungsoffiziere und Pressesprecher und spielen in der Soldaten-Big-Band (wenn es keine gibt,

> Lebenskunst besteht zu 90 Prozent aus der Fähigkeit, mit Menschen auszukommen, die man nicht leiden kann.
>
> SAMUEL GOLDWYN

gründen sie eine). Die Phlegmatiker stehen natürlich hinter der Gulaschkanone und es wäre nicht schlecht für den Frieden, wenn auch der Verteidigungsminister aus ihren Reihen stammte.

Choleriker: Bloß nichts Kleinkariertes

Wehe denen, die hinter sich einen Choleriker mit den Füssen scharren hören. Choleriker wollen an die Macht. *Natürlich drängt es auch einen Schreiber an die Macht,* sagte Peter Handke, *aber an eine grundandere.* Die einzige Position, die ein Choleriker für sich als adäquat ansieht, ist die des Chefs, und sei es die des Chefs eines Flohzirkus. Choleriker brauchen freien Spielraum. Sie sind da gut, wo sie selbst entscheiden können, wo weder zögernde Bedenkenträger das Sagen haben noch allzu viele Vorschriften ihnen den Weg versperren.

Es fällt ihnen einfach schwer, in zweiter oder dritter Reihe stehen zu müssen und sie rufen gleich dreimal *Hier!,* wenn es um Zuständigkeit und Verantwortung geht. Konferenzen verlassen sie nicht als Verlierer! Führt man sich einmal die Manager von großen Firmenkonsortien, der Medienkonzerne oder sonstiger Weltorganisationen vor Augen: Choleriker, wohin man blickt. Auch Kleinunternehmer aller Art, Leiter der Feuerwehren, Chefärzte, ja Bauleiter, Führer von Bürgerbewegungen oder Demonstrationszügen sind auf-

> Man kann niemanden überholen, wenn man in seine Fußstapfen tritt.
>
> François Truffaut

fallend häufig Choleriker. Ist eine Stelle zu besetzen, in der es auf Konzilianz, diplomatisches Geschick, Geduld, Genauigkeit und Sensibilität ankommt, ist das cholerische Temperament nicht gefragt, aber kommt es an auf Durchsetzungskraft, auf die Fähigkeit, schnell Prioritäten zu erkennen, auf Belastbarkeit und Zivilcourage, dann sind Choleriker genau richtig. Sie *spielen gern mit dem Feuer* und sie lieben Ausnahmesituationen, in denen sie richtig gefordert werden, denn Jobs, in denen man nicht gefordert wird, machen keinen Spaß. Nicht jeder kann oder mag anderen im Notfall auf die Füße treten, Abmahnungen austeilen, Leute entlassen. Nicht jeder will dauernd das Sagen haben. Nicht jeder hat das Rückgrat, eine Sache, von der nur er überzeugt ist und sonst niemand, alleine durchzuziehen und keinen Gedanken daran zu verschwenden, dass man sich einen neuen Job suchen muss, wenn's schiefgeht. *Der Zweck heiligt die Mittel,* sagen Choleriker gern, oder *notgedrungen, zwangsläufig, unweigerlich.*

> Wenn du das Risiko meidest, wirst du durchschnittlich.
>
> OLIVER KAHN

Schief geht es vor allem dann, wenn sie Mitarbeiter nicht in ihre Pläne einbeziehen, sondern, sozusagen fundamentalcholerisch, selbstherrlich über deren Köpfe hinweg entscheiden. In einer Gesellschaft, in der Menschen immer selbständiger und individueller werden, ist der autoritäre Chef der alten Schule aber kaum noch gefragt. Führungskräfte müssen heute imstande sein, Netzwerke aufzubauen und zu pflegen, sie brauchen Menschenkenntnis, sie müssen Gefühle einschätzen und vorhersagen können – die eigenen und die anderer Leute. Davon ist nicht nur der Psychologe Daniel Goleman überzeugt. Ernstzunehmende Bewerber für höhere Posten, meint er, würden sich nach den überkommenen Kriterien kaum noch voneinander unterscheiden. Natürlich hätten sie alle ausgezeichnete Zeugnisse und Sachverstand, würden bei Bewerbungsgesprächen selbstbewusst und eloquent auftreten und Intelligenz sei sowieso selbstverständlich. Was sie unterscheide, sei der Grad ihres *EQ*, ihrer *Emotionalen Intelligenz*. Und gerade diese sei entscheidend für ihren Erfolg. *Was nützt ein Verwaltungsleiter*, fragt Goleman, *der alle Vorgänge hervorragend beherrscht, aber kein Team führen und motivieren kann?* Was hier EQ genannt wird, ist der Fähigkeit, temperamentetypische Reaktionsmuster zu erkennen und damit umgehen zu können, täuschend ähnlich.

> Jeder kann wütend werden, das ist einfach. Aber wütend auf den Richtigen zu sein, im richtigen Maß, zur richtigen Zeit, zum richtigen Zweck und auf die richtige Art, das ist schwer.
>
> ARISTOTELES

Nicht alle machthungrigen Choleriker hatten das Glück, schon im Elternhaus Rücksicht, Anteilnahme sowie Respekt vor der Meinung anderer mitbekommen zu haben und möglichst auch eine gewisse Streitkultur. Es ist verteufelt schwer für sie, dies später noch lernen zu müssen. Arbeiten sie etwa im Team, kriegen sie Ärger, wenn sie ihre Unbeherrschtheit nicht in den Griff bekommen und dauernd Sand ins Getriebe werfen. Doch ein *Ich kann nun mal nicht anders* zieht nicht, denn Choleriker sind

Willensmenschen. Wenn sie ein Ziel erreichen wollen, und das wollen sie immer, sind Choleriker besser als andere Temperamente imstande, Hindernisse auf diesem Weg auszuräumen – und läge das Hindernis in ihrem eigenen Verhalten. Sanguinikern dagegen ist der Weg wichtiger als das Ziel. Außerdem finden sie sich eigentlich prima, wie sie sind. Choleriker aber können es durchaus schaffen, so es denn sein muss, ihren Jähzorn zu unterdrücken und sich zum ordentlichen Teamarbeiter zu mausern. Zumindest, solange es auf dem Weg zum Chefsessel Vorteile bringt.

> Erstklassige Männer stellen erstklassige Männer ein, zweitklassige nur drittklassige.
>
> Franz Luwein

Vorteile brächte es auch, typisch cholerische Schwächen im Zaum zu halten, etwa nur mit denen Freund zu sein, die einem nützlich sein können, oder Kollegen zu manipulieren. Besonders schwierig wird es für cholerische Führungskräfte, wenn sie ihre eigenen Vertreter bestimmen müssen. Diejenigen, die für die Firma vermutlich die Besten wären, könnten ja versuchen, an dem Stuhl zu sägen, auf dem man sitzt. Wie eigensüchtig da manchmal entschieden wird, kann jeder an denjenigen Firmen, Institutionen oder Parteien ablesen, die keinen Nachfolger aus dem eigenen Stall parat haben, wenn das *Alphatier* abtritt.

Manche Choleriker kommandieren für ihr Leben gern herum. Das führt jedoch gerade bei denjenigen Mitarbeitern zu verschnupften Reaktionen, die für Choleriker wichtig sind, weil sie ihnen nicht nach dem Munde reden. Die applaudierenden Jasager, die sie so gerne um sich scharen, schaden ihnen. Sie brauchen bedachtsame Mitarbeiter, die ihnen raten, den Schreibtisch lieber eine Nummer kleiner zu bestellen und bei der Betriebszeitschrift das eigene Konterfei nur höchstens auf jede dritte Seite zu setzen. Auch übersehen Choleriker oft wichtige Details, weil sie lieber die große Linie festlegen und *Kinkerlitzchen und Gedöns* gerne anderen überlassen.

Berufe für Choleriker

Chef. Was sonst?

Melancholiker: Gehen den Dingen auf den Grund

Charles Darwin hatte die Grundzüge seiner Evolutionstheorie *Über die Entstehung der Arten* schon seit zwanzig Jahren in der Schublade, bevor er sie, angeblich auch nur auf Druck seines Verlegers, veröffentlichte, weil sonst der vierzehn Jahre jüngere Alfred Wallace ihm zuvorgekommen wäre. Ist es vermessen, zu vermuten, dass Darwin Melancholiker war? Melancholiker ringen ständig mit der Möglichkeit, dass es eine noch bessere Begründung, eine noch präzisere Formulierung geben könnte für das, was sie der Welt mitteilen wollen. Sie schweben in der Gefahr, immerzu ihrem Ideal der Makellosigkeit hinterherzuhecheln und schließlich mit einem unveröffentlichten Stück ins Grab zu sinken. *Vielleicht haben andere das viel gründlicher erforscht und ich würde mich bis auf die Knochen blamieren!* Wäre es nicht auch schrecklich, unvorbereitet bei einem Fehler erwischt zu werden?

So gehen Melancholiker ihre Aufgaben systematisch und gewissenhaft an und denken sich jegliche Vorsichtsmaßnahmen gegen einen Misserfolg aus. Alles muss seine Ordnung haben und sein System. Sie erforschen Ursachen, planen, kontrollieren und berichtigen. Hauptsache gründlich. FitzRoy, der Kapitän des Forschungsschiffes *Beagle,* liefert noch einen kleinen Nachschlag zum Thema Physiognomik, deren Anhänger er war. Er zweifelte, ob Darwin der richtige Mitreisende sei, denn dessen Nase, so meinte er, wiese auf einen Mangel an Durchhaltevermögen hin.

Nicht das Beginnen wird belohnt, sondern einzig und allein das Durchhalten.

Katharina von Siena

Ordnungsprinzipien wie Berechnungen, Tabellen oder Kategorisierungen sind grundsätzlich wichtig für zuverlässige Planungen, doch für hochgradige Melancholiker sind sie mehr. Sie festigen den Boden, auf dem sie selbst stehen und geben ihnen Gedankenfreiheit. Als Daniel Defoes schiffbrüchiger Robinson Crusoe von Verzweiflung zu überwältigt werden drohte, fasste er sich wieder, indem er kaufmännisch *ein Verzeichnis meiner Habseligkeiten* aufstellte, *um die schwermütigen Gedanken zu verscheuchen, die mich täglich bestürmten und niederdrückten.* Bei aller Liebe zu geistigen Höhenflügen achten Melancholiker darauf, die Landebahn möglichst im Blick zu behalten, will heißen, den Kontakt zur Realität nicht abbrechen zu lassen. Dazu gehören auch ein fester Tagesablauf, Pünktlichkeit und unermüdliche Tätigkeit – alles Dinge, an denen jede Firma unbeschränkt Wohlgefallen an ihrem Mitarbeiter finden wird. Wirklich begeistert sind sie selten. Nur wenn sich diese *Erdmenschen* gründlich geerdet fühlen, können sie sich auch mal *elektrisiert* zeigen.

Der Mensch ist das einzige Lebewesen, das von sich eine schlechte Meinung hat.

George B. Shaw

Im Team sind Melancholiker Netz und doppelter Boden für alle Seiltänzer und Zauberkünstler. Im Nachbarort wollte das Komitee des Sportvereins zwecks Errichtung eines Parkplatzes gerade den Auftrag für die Asphaltierung eines vermeintlich überaus preiswerten Geländes vergeben, da wedelte eine Melancholikerin gerade noch rechtzeitig mit der örtlichen Bauvorschrift zur *ungehinderten Versickerung des Niederschlagswassers.* Sie war die Einzige im Team, die die Gestaltungssatzung gelesen hatte. Was Melancholiker sich zur Aufgabe machen, hat Hand und Fuß und sie beziehen in ihre Planung selbst das *Husten der Heuschrecke* mit ein, wie es in Japan heißt.

Müssten solcherart Begabte nicht auch gute Chefs sein? Im Prinzip ja, sagt Radio Eriwan, denn Melancholiker haben Menschenkenntnis, sind relativ unbestechlich und außerdem sind sie viel zu vorsichtig und zu pessimistisch, um das Wohl der Firma auf eine einzige Karte zu setzen. Und doch kommen sie auf Platz eins des Treppchens oft arg in Kalamitäten. Unisono wurde es in der Redaktion einer Kunstzeitschrift bedauert, dass ein allseits anerkannter, stilsicherer und deutlich melancholischer Redakteur in die Chefetage der Konkurrenz wechselte. Ein paar Monate später erzählte er deprimiert einem Freund, dass die neuen Kollegen die Zeitschrift lockiger und flockiger wollten, *also oberflächlicher*. Er fühle sich *gemustert und abgeschätzt*, glaubte, im Flur würde hinter seinem Rücken getuschelt und eine *Xanthippe* habe beim Meeting gar direkt Kritik geübt an seinen Vorschlägen. Er suche jetzt zu vermeiden, diesen Leuten allzu oft zu begegnen und er ließe Anweisungen nun hauptsächlich über seine Sekretärin laufen.

Gerade dann, wenn sie sich ärgern, wenn sie vielleicht frustriert sind über schlechte Umsatzzahlen der Firma, fallen Melancholiker in die negativen Seiten ihres Temperaments. Statt die Mitarbeiter positiv aufzubauen und ihnen das Gefühl zu geben, man könne alles schaffen, wenn man nur wolle – in Deutschland nennt man dies seit 2006 den *Klinsmann-Effekt* –, klagen sie an, nörgeln, sagen, wenn das so weiterginge, könne man gleich den Laden schließen, es sei schon fünf vor Zwölf, und eigentlich hätte sowieso alles keinen Zweck mehr. Man stelle sich vor, mit ähnlichen Worten hätte Jürgen Klinsmann die Fußball-Nationalmannschaft motivieren wollen!

> Das Leben ist voller Leid, Krankheit, Schmerz – und zu kurz ist es übrigens auch.
>
> WOODY ALLEN

Melancholiker sind oft exzentrische Einzelgänger, die lieber im Hintergrund bleiben und im Büro hinter geschlossener Tür zu Mittag essen. Ob Melancholie wirklich die Veranlagung eines *Genies* ist, wie Aristoteles behauptet hat, wollen wir unreflektiert stehen lassen, sicher ist, dass keine Firma auf Melancholiker verzichten kann. Oft stehen sie an zweiter Stelle in der Firmenhierarchie. Was den Umgang mit ihnen jedoch schwierig macht, ist, dass sie sich selbst nicht leiden können, ohne Grund an ihren Fähigkeiten zweifeln und auf Kritik empfindlich reagieren. Selbst sachlich begründete Änderungen an ihren Werken empfinden sie als Vorwurf gegen ihre Person. Ein Werbegrafiker erzählte glucksend von seinem Kollegen, einem Fotografen, der jedes Mal guckte, als sei ihm selbst etwas abgeschnitten worden, wenn eines der von ihm für eine Broschüre auserwählten Fotos mit einem leicht veränderten Ausschnitt in der Präsentation auftauchte.

Ein freundliches Wort zur falschen Zeit aber wäre *Schmeichelei*, ein Schweigen jedoch *Gefühllosigkeit*, und die üblichen Komplimente sind bei Melancholikern tabu. Schwierig! Zur *richtigen* Zeit, mit dem *richtigen* Tonfall und der *richtigen* Wortwahl aber sind Lob und Würdigung Balsam für die sensible melancholische Seele und fürs Betriebsklima auch.

Ihre Empfi*ndlichkeit* macht sie zu schwierigen Zeitgenossen, doch ihre Empfind*samkeit* zu feinsinnigen Ästheten mit einer natürlichen Nähe zu Künstlerischem, mit einem unbestechlichen Blick für Harmonie und Stil, für den passenden Ausdruck oder die ideale Farbnuance. Dass Künstler nicht nur häufig ein melancholisches Temperament haben, sondern auch zu Depressionen neigen, davon war hier schon ausführlich die Rede. In seinem Band *Hei-*

nes Tränen fand Martin Walser für diese spezielle Gefühlsdisposition den schönen Ausdruck *graziöse Schwermut.*

Intuitiv erspüren Melancholiker auch unterdrückten Kummer bei Kollegen und nehmen taktvoll und mitfühlend daran teil. Wie wichtig es ist, melancholische Kollegen nicht mit Forderungen nach sofortigen Entscheidungen zu überfallen, zeigt die polnische Nobelpreisträgerin Wislawa Szymborska in ihrem Gedicht *Leben im Handumdrehen.* Da offenbart sie die Nöte eines komplizierten, melancholischen Herzens, das zu schnellen Entscheidungen oder Beurteilungen getrieben wird. Das Leben sei für sie *eine Aufführung ohne Probe* und zwinge zum Improvisieren, *obwohl mich das Improvisieren ekelt.* Worte und Gesten seien *nicht rücknehmbar.* Und zu den kläglichen Folgen der Eile gehöre, dass der Charakter dann wie ein Mantel sei: *im Laufen zu Ende geknöpft.*

Berufe für Melancholiker

Solche, bei denen Genauigkeit und Präzision wichtig sind. Beamte, Staatssekretäre, Verwaltungsfachleute. Archivare und Bibliothekare, Juristen und Wissenschaftler, Controller und Analysten. Mathematiker. Gärtner und Landschaftsarchitekten. Ernsthafte Künstler jeder Couleur, Maler, Komponisten und Musiker. Clowns. Schriftsteller, Dichter, Ärzte, Psychologen, Psychiater und Pflegepersonal. Theologen. Märtyrer. (Und vieles mehr)

Sanguiniker: Perfekt im Schmusekurs

Sie brauchen einen Platz an der Sonne, das ist klar! Das Leben ist schön, das Leben ist Spiel, das Leben ist eine Bühne und die ist jeweils da, wo Sanguiniker sich gerade aufhalten. Sie gehen auf ihr Publikum ein, sie führen Kunststücke vor, sie improvisieren und kontaktieren und antichambrieren und schmeißen, wenn's gut ankommt, jede Menge Plüschtierchen in die Menge. Wer im Unterhaltungssektor arbeitet oder als Plaudermeister in Talkshows, als Quizmaster, Entertainer oder in Comedyserien Erfolg haben will, muss schlagfertig und einnehmend sein, muss je nach Zielgruppe und Medium auch *hip und trendy* daherkommen und muss an solchen Dingen aufrichtige Freude haben, denn sonst wäre das nicht auszuhalten.

> Sollten Ihnen meine Aussagen zu klar gewesen sein, dann müssen Sie mich missverstanden haben.
>
> Alan Greenspan

Die sanguinischen Menschentypen erkennt der Temperamente-Azubi am schnellsten. Sie gehen freundlich auf jeden Kollegen zu, bewegen sich lebhaft, gestikulieren dabei mit Händen und Füßen und sie finden mit ihrer guten Auffassungsgabe schnell etwas Verbindendes, etwa, dass man gemeinsam einen Politiker oder diesen oder jenen Kollegen unmöglich findet oder dass Bienenstich ohne Pudding-Füllung besser ist als der mit. Dann lachen sie, drücken einen ans Herz, sagen *Wir beide müssen zusammenhalten* und lachen wieder, um zu zeigen, dass sie das nicht ganz ernst gemeint haben. So wickeln sie charmant auch manchen Konkurrenten oder Geschäftspartner ein – aber in Geschenkpapier mit rosa Schleifchen. Man spürt sofort, dass solche Menschen von Natur aus die perfekten Brückenbauer sind, die im Gegenüber in erster Linie das Verbindende sehen. Passen die Teile nicht so ganz zusammen, sind sie spontan bereit, bei sich selbst etwas abzuschleifen und sich anzupassen, denn Harmonie ist ihnen das Wichtigste.

Mit Geschick präsentieren Sanguiniker nicht nur sich selbst, sondern auch ihre Firma der Öffentlichkeit. Wie *Hans Dampf in allen Gassen* vibrieren sie vor Unternehmungslust und bilden dichte Netzwerke von Leuten, die sie mit einer radikalen Charmeoffensive davon überzeugen, dass sie bei ihnen bestens aufgehoben sind. Haben sie Privates ausgetauscht, knüpfen sie noch ein Jahr später nahtlos an dieses Gespräch an, so als hätten sie stets die Belange des anderen im Herzen bewegt: *Also, was da ihr Marc-Stefan im Kindergarten gesagt hat, das war ja wirklich großartig, ha-ha!* Das beeindruckt ungeheuer und es muss ja keiner wissen, dass dieses Erinnerungsvermögen gewissen Notizen im Schreibtisch zu verdanken ist: *Müller-Lüdenscheid, fährt Cabrio, zweimal geschieden, ein Sohn Marc-Stefan, 2006 in die erste Klasse, sagte: Ich will nach Afrika, da sind die Löwen alle nicht im Stall!* Beim Thema Kommunikation sind Sanguiniker von niemandem zu übertreffen.

If I can't dance to it,
it's not my revolution.

EMMA GOLDMAN

Sanguiniker ziehen gerne *eine Schau ab.* Wer sich nachher ärgert, dass er da auf einen raffinierten *Superty-*

pen hereingefallen ist, der möglicherweise nicht halten wird, was er zugesichert hat, muss zugeben, dass ja niemand versprochen hat, das solle für alle Ewigkeit gelten. Sanguiniker sind unbekümmerte Spielernaturen. Sie können sich aufrichtig schnell für etwas erwärmen, steigern sich manchmal in ihre eigene Begeisterung hinein oder schlüpfen kurzfristig in eine andere Rolle. Zugunsten von etwas Neuem geben sie alles wieder auf. *Neues Spiel, neues Glück!*

Werden also Mitarbeiter gebraucht, die nicht nur neugierig sind auf neue Menschen, sondern auch auf neue technische Entwicklungen, neue Arbeitsmethoden, auf alle neuen Trends und jederzeit bereit, diese Dinge mit Enthusiasmus einem staunenden Publikum zu präsentieren, dann sind Sanguiniker genau richtig. Sie pfeifen auf Autorität, glauben immer, dass man die Welt verändern kann und sie nehmen grundsätzlich Partei für das Neue. Das tun sie oft schon dann, bevor sie genau wissen, um was es geht. *Manisch progressiv* heißt dies bei Melancholikern, die so was überhaupt nicht leiden können. Und wirft man Sanguinikern vor, sie hätten erst vor wenigen Wochen mit großer Inbrunst das Gegenteil von dem vertreten, was man ihnen heute abnehmen soll, fühlen sie sich oft stark in ihrer Eitelkeit gekränkt und reagieren giftig – was in besonders hartem Kontrast zu ihrer sonstigen Art steht. Im besten Fall finden sie eine ganze Tüte voller Ausreden.

> Manchmal bin ich nicht mehr meiner Meinung.
>
> Wolf Biermann

Weil sich Sanguiniker zu so vielem eignen, ist es ein Problem für sie, aus all den schönen Angeboten und Möglichkeiten diesen einen Beruf herauszupicken, der sie wirklich interessieren soll. Wo sie doch so vieles interessiert! Da liegt es nahe, etwas zu wählen, was einen bunten Strauß an Möglichkeiten bietet, was wenig Routine verlangt und stattdessen Kreativität fordert. Als Journalisten etwa beeindrucken sie mit ihrem Gespür für originelle Themen und der Fähigkeit, sich jeweils in einem neuen Gebiet zurechtzufinden, als Grafiker oder Marketingleute glänzen sie mit ihrem feinen Gefühl für *mainstream* und Trends, als Entertainer mit ihrer inspirierenden Lust an Selbstdarstellung und als Reiseleiter mit ihrer Kontaktfreudigkeit und der Fähigkeit, andere Menschen zu begeistern.

Menschen mit einer neuen Idee gelten so lange als Spinner, bis sich die Sache durchgesetzt hat.
Mark Twain

Als begnadete Selbstdarsteller stülpen sie ihre Lebenseinstellung gern mit Hilfe unangepasster, auffallender Kleidung, Frisuren und Accessoires nach außen. Die sanguinische Kunstlehrerin unserer Kinder erregte Bewunderung mit dem Modestil der Dreißiger Jahre, trug konsequent neben der entsprechenden Kleidung ein ausgepinseltes Kirschmündchen, Wellenreiter-Frisur und *Nylons* mit Naht. Ein Rechtsanwalt leistete sich zum erforderlichen korrekten Auftreten kanariengelbe Socken und ein großes Plastik-Gummibärchen am Revers. *Hier!*, rufen sie, *schaut her! Ich bin nicht so piefig wie die anderen!* Und da sie das tatsächlich nicht sind, unsere Sanguiniker, füllen sie Berufe perfekt aus, in denen dies alles gut ankommt. Wirklich sympathisch wirkt dieses Auftreten allerdings nur, wenn sie es auch in schlechten Zeiten behalten. Nichts ist alberner als ein Mittfünfziger mit Gummibärchen am Revers und kanariengelben Socken, der sich an der Hotelrezeption entrüstet, sein Zimmer sei zu weit vom Aufzug entfernt.

> Ein Mensch sollte nie mehr Staub aufwirbeln, als er zu schlucken bereit ist.
>
> Werner Mitsch

So wie eine Windbö einen Blätterstoß aufwirbelt, fegen Sanguiniker in einem Team mit ihren oft überraschend originellen Sichtweisen alle Übereinkünfte wieder hoch, die mühsam in langen Sitzungen auf ein Häufchen gesammelt worden waren. Manche Kollegen ärgern sich darüber schwarz, vor allem, wenn es nach dem typisch sanguinischen Muster von *Was kümmert mich mein Geschwätz von gestern?* läuft.

Verantwortung zu tragen und sich diszipliniert an Regeln halten zu müssen, kann Sanguinikern den ganzen Tag verderben. Zwar können sie liebenswerte Chefs sein, die gerne *so von Du zu Du* mit ihren Leuten verkehren, doch ihre meist chaotische Organisation hält diese dauerhaft in Verwirrung. Kluge Mitarbeiter, die Wert auf ihren Arbeitsplatz legen, heucheln auch bei denjenigen Geistesblitzen ihres Chefs größtes Interesse, die sie sofort für eine Schnapsidee halten. Sie dürfen zuverlässig damit rechnen, dass in drei Tagen nicht mehr die Rede davon sein wird.

Berufe für Sanguiniker

Kommunikatoren und networker jeglicher Art, wie Heiratsvermittler oder Politiker, Unterhaltungskünstler und Entertainer, Show- und Fernsehstars, Zirkusdirektoren, Seminarleiter, Diplomaten, Präsidenten. Dolmetscher. Perfekt in der Werbe- und Marketingbranche, im Hotel- und Dienstleistungsgewerbe, in der Modebranche. Künstler, Grafiker und Innenarchitekten. Tänzer. Friseure. Floristen. Verkäufer. Reiseleiter, Empfangchefs. Als Journalisten mit besonderem Talent für Reportagen. Lehrer, die ihre Schüler begeistern können für ihr Fach. Und vieles mehr.

Phlegmatiker: Gewinnen, ohne zu siegen

Man nimmt sie lange nicht wahr. Doch wenn man genug hat von Personenkult und Egomanie, Zickenkrieg oder Hahnenkampf, wenn die, die als Löwen abgesprungen sind, als Bettvorleger landeten, dann bleibt plötzlich der suchende Blick der Personalleiter, der Manager oder der Fraktionsvorsitzenden an Phlegmatikern hängen. An den Langweiligeren, den Unfotogeneren, den Unaufdringlichen, denen, die *öh* und *äh* sagen. Vorher hat niemand an sie gedacht: Sie haben sich weder zur Wahl gestellt, noch bewusst Duftmarken gesetzt. Sie sind einfach

> Es gibt Wichtigeres im Leben, als beständig dessen Geschwindigkeit zu erhöhen.
>
> MAHATMA GANDHI

übrig geblieben, als alle Revierkämpfer verwundet abtransportiert worden sind. Oft machen sie dann ihre Sache zur allseitigen Überraschung ausgezeichnet. Es kehrt Ruhe ein und jeder fragt sich, warum man nicht gleich auf sie gekommen ist.

Allerdings: Mitarbeiter voller Enthusiasmus zu motivieren, raffinierte Marketingstrategien oder revolutionäre Reformen zu entwickeln – das wäre nicht ihr Ding. Sie schaffen stattdessen das gute Arbeitsklima, in dem kreativere Mitarbeiter solche bunten Eier entspannt ausbrüten können. Phlegmatiker sind der berühmte Fels in der Brandung, an dem sich Ehrgeiz und Machtgelüste brechen, weil sie selbst nicht ehrgeizig oder machtlüstern sind. Das ist ihre stärkste Seite. Daher sind sie auch relativ unbestechlich und das macht sie unabhängig.

Die schwachen Seiten umschreibt die alte Geschichte von dem Schweizer Maler, der das Zifferblatt einer Turmuhr streichen sollte. Sie schlug ihm den Pinsel aus der Hand: Phlegmatiker brauchen für alles etwas länger als andere. Entscheidungen schieben sie vor sich her und hoffen, dass sich die Sache von selbst erledigt. Wird ihnen die Ehre einer hohen Position mit ordentlichem Gehaltssprung angetragen, bitten sie erstmal um Bedenkzeit und überlegen gründlich, ob ihnen Stress und Verantwortung nicht den Seelenfrieden rauben und es ihnen auch weiterhin körperlich und gefühlsmäßig wohl sein könnte. Denn eigentlich mögen Phlegmatiker Solideres als Chefsessel, die ihnen wie Schleudersitze vorkommen. Bevor sie sich für etwas einsetzen, sind sie dem Grauen ausgesetzt, der Kraftaufwand könnte vergebens gewesen sein. Auch sind sie nicht sicher, es sei durch Anstrengung möglich, irgendwo hinzukommen, wo man vorher nicht war.

Auf die Frage, warum es für ihn so schwierig gewesen sei, den richtigen Beruf zu finden, sagte ein phlegmatischer Freund: *Ich kam mir vor, als sei ich hingestellt worden ins Leben. Und dann steht man wie dreigenäht da und weiß nicht, was man da soll. Nicht, dass mir das Leben nicht gefiel. Aber es läuft ja alles auch ohne mich. Wo soll ich mich denn da reindrängen? Eigentlich, dachte ich, sollte ich Grund haben, mir Sorgen über mein Leben zu machen. Aber dann habe ich mir doch keine gemacht.* Diese schönen Worte zeigen auch deutlich den Unterschied zum zweiten introvertierten Temperament, dem Melancholiker, der diese Sorglosigkeit gewiss nicht teilen kann und stattdessen an der Unvollkommenheit des Lebens leidet.

Phlegmatiker haben nie den Wunsch, mehr zu scheinen als zu sein. Nicht, dass sie sich so toll fänden, aber sie sind nun mal, wie sie sind, und das ist vielleicht nicht gut so, aber sie akzeptieren es klaglos. Solche Menschen lassen sich kaum provozieren. Die giftige Bemerkung eines Kollegen etwa, wegen der Melancholiker sich eine Nacht lang schlaflos im Bett herumwälzen würden, berühren Phlegmatiker kaum. Auch Sanguinikern und Cholerikern ist diese Reaktionsweise wesensfremd, so dass sie lange Zeit Hinterlist vermuten und an die Ruhe einer Katze denken, bevor sie die Maus fängt. Nun ist es nicht so, dass Phleg-

Überall herrscht der Zufall; lass deine Angel nur hängen; wo du's am wenigsten glaubst, sitzt im Strudel der Fisch.

OVID

matiker wirklich alle Probleme aussitzen. Wenn es wirklich sein muss, sind sie auch fähig, Entscheidungen zu treffen und umzusetzen, und man kann sich, bleibt man hartnäckig, sogar mit ihnen streiten. Sie verlieren ihr Ziel nicht aus den Augen, doch sie suchen es auf dem Weg des geringsten Widerstandes zu erreichen, so wie es das Element Wasser tut, das im alten Griechenland dem phlegmatischen Prinzip zugeordnet wurde. *Wasser erobert durch Nachgeben; es greift nie an, aber gewinnt immer die letzte Schlacht.* So zumindest sah es ein chinesischer Gelehrter aus dem 11. Jahrhundert.

Papillon, gespielt von Steve McQueen, ist in dem gleichnamigen Film ein Gefangener im Straflager von Französisch-Guyana. Als junger Mann wird er interniert und als Greis gelingt ihm schließlich nach vielen vergeblichen Versuchen die Flucht. Nicht die schärfsten Strafen haben ihn davon abbringen können, es immer wieder zu versuchen. Für uns ist Papillon interessant, weil er, was selten vorkommt in einem Hollywood-Film, einen phlegmatischen Typ zeigt: einen zurückhaltenden, stillen Beobachter, unaggressiv, aber absolut unbeirrbar.

> Es ist besser, mit drei Sprüngen zum Ziel zu kommen, als sich mit einem das Bein zu brechen.
>
> SPRICHWORT AUS AFRIKA

Bevor es 1754 Dorothea Erxleben als erster Frau Deutschlands gelang, einen Doktortitel der Medizin zu erhalten, musste sie heftigen Widerstand überwinden und jahrelang Überzeugungsarbeit leisten. Das phlegmatische Temperament galt damals als *weiblich*. Es schicke sich nicht zum Studieren und sei *nicht fähig, etwas Tüchtiges darin zu leisten*, da es *kälter und feuchter* als das *männliche*, das cholerische, sei. Dorothea argumentierte, schließlich erfolgreich, die Temperamente seien unter den Geschlechtern gleich verteilt und männliche Phlegmatiker würden ja auch nicht vom Studium ausgeschlossen.

Hier soll noch einmal daran erinnert werden, dass *der* Phlegmatiker nur theoretisch existiert, denn die Persönlichkeit hängt davon ab, ob man sein Temperament im Griff hat oder nicht und davon, welches andere Temperament das erste beeinflusst. Dickfellige, träge Phlegmatiker etwa werden durch einen cholerischen Einfluss vielleicht noch bestärkt in ihrer uninspirierten Art, wehren sich muffelig gegen jede Veränderung und haben sofort Schuldige zur Hand, an denen es liegt, dass die Dinge stagnieren.

Berufe für Phlegmatiker

Solche, in denen es weniger auf Schnelligkeit ankommt als auf Verlässlichkeit und Gründlichkeit. Handwerker wie Uhrmacher, Steinmetze, Schreiner, Gärtner, Maler. Historiker, Philosophen, Redakteure, Personalchefs. Lektoren, Lehrer, Köche. Graue Eminenzen und sonstige Hintergrundarbeiter. Verteidigungsminister, Architekten. Eremiten. Berufe, in denen man nicht im Team, sondern als Einzelkämpfer bestehen muss. Mönche und Nonnen. Und viele andere.

In der Wahl seiner Eltern
kann man nicht vorsichtig genug sein.

Paul Watzlawick

Halb sind wir schon wer

Temperamentvolle Wechselwirkung zwischen Kindern und Erziehern

In einer Eltern-Baby-Gruppe schien mehreren Säuglingen die Sonne ins Gesicht. Ein Kind schrie sofort los, als sei es persönlich beleidigt worden. Eins kniff die Augen zusammen und streckte der Sonne das Gesicht entgegen. Ein drittes begann leise zu weinen und ein viertes legte schützend seinen Unterarm über die Augen. Mit solchen Entdeckungen tasten sich Eltern schon früh an das individuelle Wesen ihrer Kinder und ihre unterschiedlichen Bedürfnisse heran. Der Entwicklungspsychologe Jerome Kagan beobachtete bei Kleinkindern vier *Gefühlsdispositionen* und nannte sie *schüchtern, kühn, optimistisch, melancholisch.* Er hätte wohl auch phlegmatisch, cholerisch, sanguinisch und melancholisch sagen können. In *cybernetics* schreibt Heidi Lackner von den Beobachtungen eines Arztes, der jahrelang Frühgeborene betreut hatte, die, kaum ein halbes Kilo schwer, im Brutkasten zwischen Schläuchen und Kabel lagen: *Mich hat immer erstaunt, wie klar sich schon in dem Alter das Naturell der Kinder unter-*

scheidet. Es gibt welche, die lassen alles mit sich geschehen. Andere wehren sich mit Händen und Füßen gegen jede Behandlung.

Die Temperamente, das weiß man heute, gehören zu unserer genetischen Grundteigmischung. In den Zutaten sind wir also festgelegt, wenn auch mit einer höchst individuellen Zusammensetzung. Aber dann geht es erst richtig los. Denn kaum sind wir da, werden wir mehr oder weniger liebevoll geknetet, mit Treibmitteln unterstützt, mit Rosenwasser beträufelt oder in den Schmutz gezogen. Es gibt gute und schlechte Köche. In den meisten Fällen kümmern sich auch von Anfang an gleich zwei Köche um uns und die müssen den Brei keineswegs zwangsläufig verderben. Manchmal werden wir aber tatsächlich falsch behandelt und vernachlässigt, bleiben wie angepappt in der Grundform sitzen und bringen als Erwachsene keine Kraft mehr auf, uns selbst weiterzukneten. Merke: Aus den Zutaten für einen Schokoladenteig wird kein Zitronenkuchen. Wohl dem Kind, dessen Eltern nicht versuchen, es in eine Wunschvorstellung zu pressen, sondern herauszufinden suchen, wer es selber ist! Die eine perfekte Erziehungsmethode kann es also nicht geben, sondern nur eine, die für das jeweilige Kind richtig ist. Wer stolz sagt: *Ich habe meine Kinder alle gleich behandelt,*

Ach, bedenkt ihr alle, die ihr auf der Klaviatur des Kinderlebens und auf der Tastatur der Kinderherzen herumfahrt, bedenkt, dass die Töne, die ihr jetzt anschlagt, in diesen Herzen fortvibrieren bis ins späte Alter.

MORITZ G. SAPHIR

hat also möglicherweise etwas falsch gemacht. Denkt man an die Temperamente, ist es nicht mehr *unerklärlich,* warum das eine Kind katastrophale Zustände in seiner Umgebung relativ heil übersteht, während seine Zwillingsschwester vielleicht daran zerbricht.

Reibungen zwischen Eltern und Kindern gibt es vor allem da, wo sie jeweils unterschiedliche Temperamente haben und wo man die Temperamente nicht kennt. In seinem *Brief an den Vater* schreibt der melancholische und oft depressive Franz Kafka: *Ich wäre wahrscheinlich auch sonst ein menschenscheuer, ängstlicher Mensch geworden, aber von da ist noch ein langer, dunkler Weg dorthin, wohin ich wirklich gekommen bin,* und er gibt seinem Vater einen gehörigen Teil Schuld an der Dunkelheit dieses Weges. Offensichtlich war der Vater, der sich in harter Arbeit ein Geschäft aufgebaut hatte, ein gebieterischer Choleriker, zwar rechthaberisch, aber lebensfroh, energiegeladen und geradeheraus. *Du kannst Dich nicht verstellen,* bescheinigt ihm sogar der Sohn. Andere Kinder hätten sich mit dem Vater vielleicht arrangieren können. Für den melancholischen Franz war er nahezu unerträglich. Sein Vater sei *tyrannisch,* schreibt er, und dass er unter dem *zuschnürenden Ring* seines Einflusses stehe. Er, Franz, sei beherrscht von einem *Gefühl der Nichtigkeit* ihm gegenüber und er wirft ihm vor, ein *unbeschränktes Vertrauen* zur eigenen Meinung zu haben. Lacht der Vater laut über einen *unanständigen* Witz, findet der Sohn das *platt,* und

> Das Schlimmste, was einem Menschen passieren kann, ist, dass er dämliche Eltern hat.
>
> UTTA DANELLA

sieht gleichzeitig darin *eine mich beschämende Äußerung Deiner Lebenskraft*. Umgekehrt war auch der Vater nicht imstande, das Temperament und den Charakter des hochbegabten Sohnes zu erfassen. Für ihn war er ein lebensfremder Verweigerer.

Wie selbstverständlich erwarten cholerische Eltern von ihrem Nachwuchs, dass er erste Plätze ergattert und sich durchzusetzen vermag. *Ich kann einfach nicht verstehen*, sagte die cholerische Mutter, *wieso meine Tochter sich da nicht durchsetzen kann. Tausendmal sag ich ihr: Mädchen, du gehst dahin, sagst: Ich will da mitmachen! – und basta! Wo ist das Problem?* Zart besaitete Kinder fühlen sich dann schnell als ungeliebte Versager. Geht es gar darum, unerfüllte Sehnsüchte der Eltern zu erfüllen und für sie die Pokale zu erringen, die ihnen verwehrt geblieben sind, geraten auch extrovertiertere Kinder unter Druck. Manchmal werden schon Kleinkinder zum Karate-Training geschickt. *Mein David macht das ganz freiwillig*, heißt es dann und David nickt begeistert dazu. Dabei hat sich Vater nur jedes Mal dreimal bitten lassen, wenn Davids Schulchor auftrat, doch fürs Karatetraining hatte er sofort Zeit und war bester Dinge. Klar, dass David schnell lernt, wie er die Zuwendung seines Vaters am besten erringen kann.

Du hast mich letzthin einmal gefragt, warum ich behaupte, ich hätte Furcht vor Dir. Ich wußte Dir, wie gewöhnlich, nichts zu antworten, zum Teil eben aus der Furcht, die ich vor Dir habe.

Franz Kafka

Cholerische Eltern neigen dazu, ihren Kindern *das Eisen aus dem Feuer* zu holen, statt sie zu ermuntern: *Das schaffst du schon!* und ihnen zu zeigen, dass sie hinter ihnen stehen, falls es doch nicht klappt. Dabei macht Kindern, die allgemein ein feines Gespür für Unsicherheiten und Ängsten von Erwachsenen haben, die optimistische Zuversicht cholerischer Eltern Mut. Sie lernen auch, nicht weinerlich drumherum zu reden, sondern geradeheraus zuzugeben, wenn sie mal etwas verbockt haben. Das wird akzeptiert und kein anständiger Choleriker verliert dann jemals wieder ein Wort darüber. Choleriker verunsichern nicht schon die Kleinsten mit moralischen Diskussionen. Sie setzen ganz pragmatisch die Grenzen, die Kinder für ihre Entwicklung brauchen und gehen dann zur Tagesordnung über.

Das erste Wirkende ist das Sein des Erziehers, das zweite, was er tut und das dritte erst, was er redet.

ROMANO GUARDINI

1919 gründete Rudolf Steiner die Waldorfschulen und räumte dort den Temperamenten einen hohen Stellenwert in der Erziehung ein. Lehrer und Erzieher ermahnte er immer wieder zur Selbsterziehung und erinnerte sie daran, wie negativ die Einflüsse eines ungezügelten Temperamentes auf die Kindern seien. Er behauptete gar, phlegmatische Gleichgültigkeit, melancholischer Trübsinn, cholerischer Jähzorn oder sanguinische Fahrigkeit seien pädagogische *Ursünden* und mitverantwortlich für spätere seelische und körperliche Krankheiten.

Melancholische Kinder fühlen sich von Traurigem und Bedrückendem angezogen, doch gleichzeitig belastet es sie. Eine sensible Kindergartenfreundin unserer Tochter pflegte ihre Umgebung immer mit einer Miene heiligen Ernstes zu beobachten, als suche sie nach etwas Bedeutungsvollem. Wirkte ein anderes Kind unglücklich, schien sie sich mit ihm verbunden zu fühlen und versuchte behutsam, es zu trösten. Melancholische Kinder kritisieren sich oft selbst, beschäftigen sich lange und gründlich mit einer Sache und können tiefsinnige Fragen stellen. Wenn sie irgendwo nicht mitmachen wollen, bieten sie nicht trotzig und lustvoll Widerstand wie die kleinen Choleriker. Sie schütteln vielleicht still den Kopf, ziehen ihn zwischen die Schultern und ihre Unterlippe zittert dabei. Unter extrovertierten Erwachsenen müssen sie oft leiden: Die kleinen Melancholiker mögen es, ungestört ihren Träumen und Gefühlen nachzuspüren, doch sobald sie in sich gekehrt in einer Ecke sitzen, meinen diese Erwachsenen, sie zu Aktivitäten ermuntern zu müssen und machen lauter *lustige* Vorschläge. Man sitzt schließlich nicht einfach nur so da, oder?

Mit einer Kindheit voll Liebe kann man ein ganzes Leben lang aushalten.

Jean Paul

Steiner hält alle Versuche für nutzlos und verfehlt, Kinder *umformen* zu wollen. Man solle versuchen, die positiven Seiten des jeweiligen Temperamentes herauszukitzeln, um dadurch das kindliche Vertrauen in die eigenen Fähigkeiten zu stärken. Er rät, die Traurigkeit eines melancholischen Kindes auf äußere Ereignisse abzuleiten, etwa auf das Schicksal anderer Menschen, wo es sinnvoll sein mitfühlendes Herz entfalten könne. Dem Tatendrang und Feuereifer kleiner Choleriker dagegen entspräche man am besten, indem man sie mit Dingen beschäftige, die ihnen

Widerstand entgegensetzen. Sie sollen ruhig mal Schweres herbeitragen oder etwa den Garten umgraben. Da kleinere Kinder vor allem durch Nachahmung lernen, wäre es auch gänzlich widersinnig, cholerischen Raufbolden mit Gewalt zeigen zu wollen, dass Gewalt schlecht ist.

Kindliche Choleriker wollen für jemanden *Feuer und Flamme* sein und brauchen dringend ein starkes Gegenüber. Ängstliche Mütter oder Kindergärtnerinnen, die ihre Ungehorsamkeiten als mangelnden Liebesbeweis ansehen: *Du hast mich ja gar nicht mehr lieb,* oder: *Wenn du das wieder tust, dann bin ich ganz traurig!* sind besonders für Choleriker ein Problem. Zu solchen Sätzen neigen vor allem melancholische Erzieher. Wenn sie bis ins Detail und liebevoll, wie es ihre Art ist, für die Kinder etwas vorbereitet haben, wollen sie auch, dass alles ohne Störungen, eben *richtig* abläuft. Melancholiker bauen ihren Küken Nester. Sie rupfen sich den weichsten Bauchflaum für den Nachwuchs aus, polstern damit jedes Eckchen des Kinderzimmers und lesen mit innerer Wärme aus den schönsten Kinderbüchern vor. Mit zärtlicher Fürsorge wenden sie sich ihren kleinen Kindern zu und sind den älteren einfühlsame Gesprächspartner. Sie tütteln auch gern so lange an ihren Kindern herum, bis sie von Kopf bis Fuß mit Wohlgefallen anzuschauen sind. Die eigenen hohen Maßstäbe legen sie aber auch bei ihren Kindern an und rutschen dann leicht ins Nörgeln und Kontrollieren. Statt ein Kind für den Brief an die Patentante zu loben, bemängeln sie, dass die Brief-

Unsere Generation erzieht immer im Gefühl, sie mache es falsch.

AXEL HACKE

marke schief aufgeklebt ist. Niemals sind sie so ganz zufrieden mit dem frisch gemalten Bild oder dem Schulaufsatz, kritisieren die Schulfreunde und merken gar nicht, wie sie ihr Kind durch Beurteilungen und Moralisierungen entmutigen. Manche Kinder wollen dann ihre Bilder nicht mehr zeigen und die älteren treffen sich woanders mit ihren Freunden.

In seiner Komödie *Das Haus der Temperamente* lässt Johann Nestroy vier Väter, die die Temperamentstypen verkörpern, auf die gleiche Situation reagieren: Nach Jahren werden sie ihren Sohn wiedersehen. Der Sanguiniker freut sich schon, schaut sich im Spiegel an und überlegt, ob der Sohn wohl ebenso gut aussieht wie er selbst. Der Choleriker läuft mit festen Schritten hin und her und ärgert sich, dass der Junge sich verspätet. Der Melancholiker erinnert sich seufzend an seine verstorbene Frau, die Mutter des Jungen. Der Phlegmatiker sitzt ruhig im Sessel und meint, wenn Kinder nicht nach Hause kämen, sei das vermutlich ein gutes Zeichen, denn es zeige, dass es ihnen gut ginge.

Phlegmatische Eltern sind die Art Gärtner, bei denen es keinen Rasen gibt, sondern Wiese, kein Spalierobst, sondern frei wachsende Bäume, keine Hollywoodschaukel, sondern eine Hängematte. Sie rupfen keine Blume aus, die vorwitzig da wächst, wo sie eigentlich nicht sollte. Sie greifen so wenig wie möglich ein. Dem ganzen Leben gegenüber, also auch den Eskapaden der Kinder, bringen sie

Der Vater eines klugen Kindes neigt dazu, an die Vererbungslehre zu glauben.
RALPH BOLLER

eine große Gelassenheit entgegen. Wem das *Wachsenlassen* zur Gewohnheit geworden ist, der sollte es auch dann klaglos hinnehmen, wenn das Zufällige sich auf eine Weise in Szene setzt, die einem nicht passt. Hat man seinen Kindern keine Regeln gesetzt, muss man sich folglich nicht wundern, wenn sie ins Kraut schießen. Einiges davon, man kann es sich vorstellen, gefällt den Phlegmatikern dann aber überhaupt nicht und sie reagieren prompt mit empörten Anklagen, werfen etwa dem anderen Elternteil vor, sich nicht gekümmert zu haben, und rüffeln die Kinder, dass sie gefälligst selbst wissen könnten, was sich gehört und was nicht. Dann zeigen sie sich stur und unnachgiebig. Aber nicht allzu lange. Bald schaukeln sie wieder versöhnt mit dem Kind in ihrer Hängematte.

Vorausgesetzt, bei den Kindern entsteht niemals der Eindruck, die phlegmatische Gelassenheit sei nichts als Gleichgültigkeit ihnen gegenüber, ja man sei den Eltern *egal,* können solche unaufgeregten, ehrgeizlosen Erzieher ein Segen sein. Sanguinische Kinder mit ihren tausendundeinen Ideen finden bei ihnen Ruhe, melancholische finden Verständnis, cholerische erkennen, dass es auch ein Leben gibt jenseits der Nummer eins. Und phlegmatische Kinder? Haben sie keine phantasievollen Spielgesellen in der Nähe, kann es ihnen in einem phlegmatischen Elternhaus sterbenslangweilig werden, falls nicht ein interessantes Phänomen eintritt, auf das

> Ein Erstklässler sagte zu seiner Mutter: Mama, du sollst mich morgen früher wecken, damit ich nicht so schnell machen muss, wie ich gar nicht kann!
>
> Peter Lipps

Rudolf Steiner aufmerksam machte: Phlegmatiker warten immer darauf, dass andere etwas sagen oder tun. Geschieht nichts, wird es jedoch nach einer Weile selbst ihnen zu dumm und es werden Gegenkräfte in ihnen wach, die sie zu Aktivitäten ermuntern. Langeweile kann einen sehr kreativen Keim tragen! Das ist ein Trost für Eltern und Erzieher, denn phlegmatische Kinder sind schwer für irgendetwas zu interessieren. Anders als Melancholiker, die an ihrem Introvertiertsein oft leiden, fühlen sie sich meist zufrieden mit sich selbst. Sie lassen sich nicht herausfordern mit der Aussicht auf einen ersten Platz und setzt man sie gar unter Druck, werden sie dickköpfig. In seinem Buch *Temperamente und Pädagogik* schildert Peter Lipps einen phlegmatischen Jungen, der während des Unterrichtes immer wieder heimlich in sein Schulbrot biss. Als der Junge sich einmal vom Lehrer ertappt fühlte, *übergoss eine tiefe Röte sein Gesicht, und er sah mich, weiteressend, unverwandt an, als wollte er sagen, es gehe halt nicht anders.*

Ein sanguinisches Kind lässt sich nicht dreimal bitten – schon gar nicht, wenn es um Dinge wie Theaterspielen, Musizieren, Malen und Basteln geht. Je abwechslungsreicher, desto lieber. Schwieriger ist es, so einem Kind dabei zu helfen, sich auch mal wirklich in eine Sache zu vertiefen, statt alles nur oberflächlich anzutippen. Dazu müsse man herausfinden, meint Steiner, wofür es sich ein wenig mehr interessiere als für anderes und dann solle man versuchen, durch gezielte Angebote dieses Interesse zu halten und zu vertiefen. Ansonsten hüpfen und flattern sie durchs Leben. Manchmal entziehen sie sich elterlichen Schmusereien nur, um nicht festgehalten zu werden.

Besonders für diese quirligen Kinder, die alle Sinneseindrücke wie Löschpapier aufsaugen, ist Fernsehen Gift. Ihr Kopf ist sowieso schon gefüllt mit überbordenden Phantasien. Starke Reize wie Filme mit schnellen Schnitten und schrillen Inhalten lassen sie leicht hyperaktiv und nervös werden, lassen Ängste und Alpträume entstehen. Manchmal können sanguinische Kinder selbst im Schulalter Phantasiebilder und Wirklichkeit noch nicht auseinander halten. Berichtet also eines, im Garten sei ihm ein grüner Elefant begegnet, sollte man mit dem Vorwurf der Lüge vorsichtig sein.

Schon als Kleinkinder knüpfen Sanguiniker ohne Scheu Kontakte mit fremden Menschen. Ich erinnere mich an eine Zweijährige, die mit ihrem schweren hölzernen Dreirad einen abschüssigen Weg hinunterfuhr und unten immer jemanden dazu brachte, ihr das Dreirad den Weg wieder hinaufzutragen. Es ist schön, wenn Sanguiniker diese Kontaktfreudigkeit auch als Erwachsene nicht verlieren. Nicht so schön ist es, schon gar nicht für ihren melancholischen Sprössling, wenn sie auch dann noch alles durch ihre rosa Brille sehen und sofort mit einem *Ist-doch-kein-Problem*-Ratschlag kommen, bevor sie die ganze Geschichte gehört haben. Auch reden sie gerne *von Gleich zu Gleich* mit den Kindern und sagen Sätze wie: *Ich mache meinem Kind kei-*

Wenn der Hans zur Schule ging,
stets sein Blick am Himmel hing.
Nach den Dächern,
Wolken, Schwalben
schaut er aufwärts allenthalben:
Vor die eignen Füße dicht,
ja, da sah der Bursche nicht.

HEINRICH HOFFMANN

ne Vorschriften, denn ich will ja auch nicht, dass man mir welche macht. Kleinere Kinder fühlen sich durch diese Anbiederei, auch wenn sie es so nicht ausdrücken können, nicht wirklich ernst genommen und geborgen. Sie spüren, wie unwahr diese Sätze sind, denn natürlich machen Eltern ihnen Vorschriften. Etwa nicht auf dünnes Eis zu gehen oder bei zehn Grad unter Null eine Mütze aufzusetzen.

Toleranz ist ein hoher Wert, den man schon kleineren Kindern, die noch ganz durch Nachahmung lernen, so vorleben kann, dass sie ganz natürlich hineinwachsen. Es sind oft Sanguiniker, die dieser Wirkung nicht vertrauen und meinen, wenn man etwas *Gutes* erzwinge, könne das doch nicht schlecht sein. Statt also ein farbiges Kind völlig selbstverständlich in eine Kindergruppe einzubeziehen, ermahnen sie: *Eure Freundin hat zwar eine dunkle Haut, ist aber ganz genau so ein Mensch wie ihr!* Im schlimmsten Fall fordern sie die anderen Kinder auf, das farbige Kind mal öfter gewinnen zu lassen. Im Radio sagte eine lustig plappernde Fachjournalistin auf die Frage, wann man Kinder über Homosexualität aufklären solle: *Damit kann man gar nicht früh genug anfangen!*

Für jedes Kind ist es wunderbar, an der Hand sanguinischer Eltern die Welt zu entdecken. Spielplatz ist überall, und an jeder Ecke findet sich etwas Liebenswertes, Komisches, Aufregendes. Aufregend ist es auch zuhause! Einmal, weil Sanguiniker Termine vergessen, Sachen verlegen oder keine Eier gekauft haben, wenn es Omelett geben sollte. Aber auch, weil sie spontan den Zirkusdirektor spielen, ein Picknick auf dem Balkon organisieren oder einen orientalischen Abend im Wandschrank veranstalten. Vor allem bei den Freunden der Kinder sind sanguinische Eltern sehr beliebt!

Auch in diesen Schilderungen wurde versucht, das eine Temperament herauszuarbeiten, was am deutlichsten die Nase hervorstreckt, denn natürlich sind die Temperamente bei Kindern ähnlich gemischt wie bei Erwachsenen. Manchmal tritt eines der Temperamente nur in bestimmten Situationen zu Tage: Eine unserer Nichten setzte als kleines Kind beim Laufen nur die Fußballen auf und machte dazu mit den seitlich ausgestreckten Armen flatternde Bewegungen. Niemand wäre erstaunt gewesen, wenn sie sich in die Lüfte erhoben hätte. Diese überaus quirlige Sanguinikerin zeichnete jedoch gern und konnte immer dann, wenn sie mit einem Bild beschäftigt war, ja eigentlich nur dann, ein beeindruckendes Phlegma herauskehren und Stunde um Stunde mit Zungenspitze im Mundwinkel Grashalm für Grashalm stricheln.

Erziehen heißt vorleben. Alles andere ist höchstens Dressur.

OSWALD BUMKE

Kinder haben ein ganz elementares Bedürfnis nach Bewegung. Somit haben im Kindesalter selbst Phlegmatiker deutlich sanguinische Eigenschaften. Interessant ist Steiners Ansicht, dass auch später, je nach Lebensalter die Anteile eines anderen Temperamentes an der gesamten Mischung steigen: *Dem jungen Menschen ist ein Schuss von cholerischer Dynamik, dem Erwachsenen ein Einschlag von ernster Melancholie und dem Alternden eine Tingierung von phlegmatischer Besinnlichkeit meistens eigen.*

Der, welcher wandelt
diese Straße voll Beschwerden,
wird rein durch
Feuer, Wasser, Luft und Erden.

WOLFGANG AMADEUS MOZART

Feuer, Erde, Wasser, und Luft

Temperamente und Elemente

Vor 2500 Jahren war der Vorsokratiker Empedokles von Agrigent entbrannt von der Idee, vier göttliche Elemente seien die Komponenten des Kosmos. Er meinte Feuer, Erde, Wasser und Luft und erklärte alles Werden und Vergehen aus dem Spiel ihrer dynamischen Kräfte. Die Welt mit ihren Lebewesen und Dingen sah er in ewiger Metamorphose, in lebendiger Bewegung. Alles war durchlässig, unbegrenzt; nicht dauerhaft fest, sondern veränderliche, vibrierende Substanz. Gleiches verbindet sich mit Gleichem und trennt sich wieder. Ob Empedokles sich auch dann in den Ätna gestürzt hätte, wie es Zeitgenossen berichteten, wenn er gewusst hätte, dass sein Gedankengebäude, vielfach variiert, mehr als zwei Jahrtausende die Kulturgeschichte, die Philosophie, die Medizin, die Theologie und die Künste des Abendlandes beeinflussen würde? Es gibt wohl keine naturwissenschaftliche Theorie, die länger am Leben geblieben ist. Erst im 18. Jahrhundert, spätestens mit Lavoisiers Entdeckungen in der Chemie, verblasste der Einfluss der Elemente in der Naturwissenschaft.

Ohne die Elemente ist das Wesen der Temperamente nicht zu verstehen. Dass alles mit allem zusammenhängt, ist nicht nur ein Leitgedanke des Buddhismus und vieler Naturreligionen. *Clain werlt*, kleine Welt, nannte Konrad von Megenberg im Mittelalter den Menschen, denn wenn man überzeugt ist, dass der Kosmos, die Erde und alles, was darauf fleucht und kreucht, aus denselben Grundprinzipien gemischt ist, bildet der Mensch keine Ausnahme. Er steht mittendrin in dieser Energie, er ist der Mikrokosmos, Abbild des gewaltigen Makrokosmos. Wir Menschen nähmen die Dinge überhaupt nur deswegen wahr, weil sie auf Verwandtes in uns träfen. Und wie sollte jemand sich anmaßen, den Menschen verstehen zu wollen, wenn er sich nicht zuvor mit den Elementen befasst habe? Die vier *Qualitäten*, die später den Elementen zugeordnet wurden, sind mit den menschlichen Sinnen wahrnehmbar: zum Feuer (Choleriker) passen *warm und trocken*, zum Wasser (Phlegmatiker) *kalt und feucht*, zur Erde (Melancholiker) *kalt und trocken* und zur Luft (Sanguiniker) *warm und feucht*. Mit Leonardo da Vincis Landschaftsbeschreibungen bringen die Brüder Böhme in ihrem Buch *Die vier Elemente* ein schönes Beispiel für diese Symbiose: *(...) die Felsen das Skelett der Erde, das vom Gewebe des Erd- und Pflanzenreichs bedeckt wird, doch diesem erst die morphologische Stabilität verleiht. Die Flüsse und Bäche (...) sind die Adern des Erdleibs, ein ewiger Kreislauf des Wassers. Und mächtig atmet in Ebbe und Flut die Lunge der*

Erde, die auch die Zirkulation der Ströme und Rinnsale antreibt.

Ob es wirklich Hippokrates war, der um 400 vor Christus auf der Suche nach Analogien zu den Elementen die menschliche Spezies systematisch beobachtet und seine Erfahrungen im *Corpus Hippokraticum* notiert hat – darüber sind sich die Kulturhistoriker nicht einig. Vielleicht war es auch sein Schwiegersohn Polybos oder gar ein Unbekannter. Sicher ist, dass Revolutionäres geschah, denn die bis dahin allgemein verbreitete Vorstellung, Verschiedenheiten und Befindlichkeiten der Menschen seien allein auf die unergründlichen Ratschlüsse der Götter zurückzuführen, wurde verworfen. Stattdessen analysierte man mit den Methoden der Zeit den menschlichen Körper und kam zum Ergebnis, Ursache für die jeweilige Konstitution des Menschen sei eine individuelle Mischung aus vier verschiedenen *humores* (Flüssigkeiten, Säfte) und für jede stünde ein bestimmtes Organ. Eine unausgewogene Mixtur mache krank. Das war die Geburt der *Humoralpathologie.* Dem warmtrockenen Feuer analog sei *chole,* die gelbe Galle (die bei den *Cholerikern* so oft überläuft), zum kaltfeuchten Wasser gehöre *phlegma,* der zähe Schleim (der die *Phlegmatiker* so langsam macht), zum kalttrockenen Element Erde passe *melas,* die in der Milz produzierte schwarze Galle, deren Überschüsse ins Blut fließen (und die *Melan-*

Müsset im Naturbetrachten
Immer eins wie alles achten
Nicht ist drinnen, nichts ist
draußen, denn was innen,
das ist außen.

JOHANN W. V. GOETHE

choliker mit schwarzen Gedanken belasten), und zur warmfeuchten Luft gehöre *sanguis*, das lebhaft kreisende Blut (das den *Sanguinikern* hin und wieder quirlig in den Kopf steigt).

> Man kann unmöglich das Wesen der Krankheiten Kennen lernen, wenn man nicht die Natur selbst und den in ihrer Entwicklung sich manifestierenden Urgrund kennt.
>
> HIPPOKRATES

Später fand Aristoteles für die vier Elemente Eigenschaften, die man auch als charakteristisch für die vier Temperamente ansehen kann. Sinngemäß sagte er, das flammende Feuer lodere nach oben, sei offensiv, aufbrausend, energievoll. Das korrespondiert mit dem cholerischen Typ und seiner willensstarken Zielstrebigkeit. Die schwere Erde dagegen fange das Absinkende auf, sei kühl, gründlich, verlässlich. Als Verwandte gelten die zurückgezogenen, introvertierten Melancholiker. Zwischen den Polaritäten Feuer und Erde sah Aristoteles Luft und Wasser als Vermittler. Die Luft, die weht, wo sie will, korrespondiert mit dem Wesen der kontaktfreudigen Sanguiniker. Und auch das Wasser vermittelt, denn wenn es genügend Wärme enthält, genügend also vom Feurigen, verdunstet es nach oben strebend, hat es mehr von der Kälte der Erde, sinkt es als Regen zu ihr hinab. Das Wasser der Flüsse sucht sich den einfachsten Weg, ist beharrlich, ausgleichend und umgeht Widerstände – alles Eigenschaften, die man auch den Phlegmatikern nachsagt.

Einen konsequenten Bezug der *vier humores* mit dem jeweiligen Temperament suchte aber erst 500 Jahre nach Hippokrates sein geistiger Erbe, der römische Arzt Claudius Galenus. Er erweiterte und etablierte die *Humoralpathologie* und fasste das gesamte Wissen der antiken Medizin zusammen. Hauptsächlich sollten seine Therapien durch Entgiftung die unausgewogenen *Säfte* harmonisieren. Er setzte auf Diät, Erbrechen, Klistiere, körperliche Ertüchtigung und auf Pflanzenextrakte. Leider setzte er viel zu häufig auch auf den Aderlass, der im Laufe der Jahrhunderte wohl ein Heer von ohnehin schon geschwächten Patienten unter die Erde gebracht haben dürfte. Bis etwa zur Neuzeit war die Säftelehre in der Medizin das Dogma schlechthin.

Mehr Menschen als das Schwert tötet der Fraß.

CLAUDIUS GALENUS

Als allerdings der Germane Odoaker 476 den letzten weströmischen Kaiser in Pension geschickt hatte, als Rom bedeutungslos geworden war und im Kolosseum Ziegen weideten, fiel die Humoralpatholgie in einen Dornröschenschlaf und lief Gefahr, vergessen zu werden. Neue christliche Heilslehren verdrängten das antike Wissen und das Abendland zehrte von seiner Substanz. Zwar fanden Kranke vor allem in Klöstern Hilfe, denn gerade unter Mönchen und Theologen gab es begabte Heilkundige, andererseits galt es in manchen Orden schon als Gotteslästerung, irgendein anderes Heilmittel außer dem Bittgebet anzuwenden. Ganz anders im arabischen Raum: Im siebten Jahrhundert waren als Ketzer verschriene nestorianische Christen mit medizinischen Werken der Antike nach Persien geflüchtet. Die Übersetzungen ins Arabische wurden die Grundlage für die arabische Medizin. Bedeutende Gelehrte wie Avicenna, Rhazes oder Averroes küssten Dornröschen wach, erweiterten die alten Texte mit neuen Erkenntnissen und schrieben gewichtige medizinische Lehrbücher.

Die erste Medizinschule Europas, hochgerühmt und weltlich ausgerichtet, wurde Anfang des elften Jahrhunderts in Salerno gegründet. Hier übersetzte man auch die antiken medizinischen Texte aus dem Arabischen zurück ins Lateinische. Ob die Äbtissin Hildegard von Bingen von dort ihr Wissen über die Humoralpathologie erhielt, ist unsicher. Heute ist die *Heilerin der Klostermedizin* zur Kultfigur erhoben und bekannter als alle Ärzte der erwähnten Medizinschule zusammen. Sie arbeitete mit einer Mischung aus überliefertem Wissen und Volksmedizin und kaum jemand kannte die Wirkstoffe von Heilpflanzen besser: Für jedes Temperament, für jede Krankheit hatte sie ein Kräutlein parat und warnte: *Wenn sie* (die Körpersäfte) *aber wider einander sind, machen sie ihn* (den Menschen) *krank und tödten ihn.* Hildegard von Bingen sprach von sich als *unwissende Vermittlerin göttlicher Botschaft.* Diese sei Grundlage ihrer Visionen, ihrer theologisch/philosophischen Erkenntnisse und auch ihrer Heilkunst. Dass der Mensch symbiotisch mit den Elementen verbunden war, sich fortwährend mit ihnen austauschte und der Umwelt nicht als in sich funktionierender Körper gegenüberstand, sondern Teil von ihr war – dies galt bis zur Neuzeit als das natürliche, allgemein verbreitete Lebensgefühl der Menschen, doch kaum jemand hat dies ausdrucksstärker, bildhafter und poetischer geschildert als Hildegard von Bingen.

Medizinische Fortschritte in Europa geschahen lange Zeit auf Grundlage der Humoralpathologie oder auch trotz dieser. In der Renaissance und ihrem Zurück-zum-Ursprung-Lebensgefühl lasen Ärzte die Schriften des Galenus wieder im Original, obwohl schon früher verschiedene seiner Behauptungen angezweifelt worden waren. Selbst als William Harvey im 17. Jahrhundert den Blutkreislauf entdeckte und damit Galens Überzeugung widerlegte, das Blut bewege sich im porösen Herzen hin und her, blieben der Humoralpathologie noch genügend Anhänger treu.

Mit dem Alchemisten und Arzt Philippus Aureolus Theophrastus Bombastus von Hohenheim, praktischerweise Paracelsus genannt, begann eine neue Epoche. *Dass einer wisse und nit wähne,* sagte er, oder *Sei nicht eines Anderen, wenn du dein Eigener zu sein vermagst.* Das klingt auffallend cholerisch und Zeitgenossen beschrieben ihn auch als jemanden, der keinem Streit aus dem Weg ging und als beißenden, provozierenden Kritiker der Medizin seiner Zeit. Öffentlich verbrannte er die Schriften des Galenus und die von Avicenna gleich mit.

Derjenige ist ein Arzt,
der das Unsichtbare kennt,
das keinen Namen hat,
das keine Materie hat
und doch seine Wirkung.

Paracelsus

Paracelsus war keineswegs der einzige namhafte Gelehrte, der sich mit Alchemie befasste. Zwar wurde diese von Goldsuppe kochenden Scharlatanen bös in Verruf gebracht, doch kann man ihre Verdienste um die Anfänge von Chemie und Pharmakologie kaum bestreiten. Während die Arzneien des Galenus noch rein organisch waren, fügte

Paracelsus ihnen durch Experimente gewonnene, chemische hinzu und er war wohl der Erste, der an etwas Ähnliches wie Stoffwechselkrankheiten dachte. Die *vier humores* bezog auch er mit ein – doch er sah neben der alten Säftelehre noch andere Ursachen für Krankheiten, etwa psychische, soziale oder toxische, und auch die Temperamente hatten für ihn mit den *Säften* nichts zu tun.

Paracelsus sprach von der *immateriellen* Abstammung aller Krankheit und Veranlagung. Er ging von fünf verschiedenen Krankheitsursachen aus, die er *Entien* nannte, *Wesen*, das *Sein von Etwas*. Das *Ens Naturale* sah er im Feuer, das *Ens Veneni* in der Erde, das *Ens Spirituale* im Wasser und das *Ens Astrale* im Luftelement. Aristoteles hatte den vier Elementen noch die geheimnisvolle Quintessenz hinzugefügt, das fünfte Element. Sie ist die ungeteilte Ursache, die Vereinigung aller Gegensätze, sie ist das fünfte *Ens*, das *Ens Dei*, in dem der Christ Paracelsus das Wirken Gottes, den ursprünglichen Sinn des Daseins sah. *Alle Krankheiten sind bestimmt, zu ihrer Zeit geheilt zu werden, und nicht dann, wann wir es wollen*, sagte er. In Paracelsus Augen kam alle Krankheit und alle Heilung letztlich von Gott. Für die vier ersten *Entien* gebe es Therapien, beim fünften *Ens* sei der Arzt machtlos, weil Gott die Heilung des Kranken aus unerforschlichen Gründen nicht wolle.

Wenn man alles Existierende vom schwingenden Strom elementarischer Wirkungen gebildet und durchzogen sieht, muss dann nicht auch in jedem Lebewesen, in jedem Edelstein, in jeder Pflanze, in jedem Metall etwas von der formgebenden Substanz zu finden sein? Paracelsus war überzeugt, es gebe nichts, was nicht verborgen ein Leben in sich habe. Ähnlich wie das menschliche Ungeheuer Grenouille in Patrick Süskinds Buch *Das Parfum* den natürlichen Zauber junger Mädchen von ihrer Haut abnahm und als Substanz destillierte, versuchte Paracelsus im Labor, natürlich ohne zu morden und in bester Absicht, das *Wesen* der Pflanzen, der Metalle, der edlen Steine umzuwandeln, herauszufiltern und als Heilmittel zu gewinnen. Ein Heilmittel müsse mit der Krankheit *wesensgleich* sein und der Mensch könne nicht aus sich selbst heraus geheilt werden, sondern sei nur *universalistisch* zu erfassen. Neben seinem sichtbaren, materiellen Leib besitze der Mensch noch einen Geistkörper, der unter anderem die Lebensprozesse steuere. *Behandelt (...) den Geist, dann wird der Leib gesund. Denn der Geist ist krank und nicht der Leib.* Dieses komplexe, heute belächelte Weltbild hatte einen ganz anderen, einen qualitativeren Zugang zur Natur und zum Menschen als unsere heutige Medizin und vielleicht ist mit ihm doch mehr verloren gegangen, als man wahrhaben möchte.

Es gibt zwei Arten, sein Leben zu leben: entweder so, als wäre nichts ein Wunder, oder so, als wäre alles eines. Ich glaube an Letzteres.

ALBERT EINSTEIN

Erst nach und nach verblasste der Einfluss der Humoralpathologie. Wirklich abgelöst wurde sie erst im 19. Jahrhundert von Rudolf Virchows Zellularpathologie. Die Temperamente selbst hatten sich dagegen von ihrer vermuteten *humores*-Mutter abgenabelt. In jedem Zeitalter der abendländischen Geschichte begegnen wir ihnen und natürlich den Elementen, dem jeweiligen Zeitinteresse entsprechend, in Malerei und Grafik, in Musik und Lyrik, in Religion und Astrologie, in Naturwissenschaft und Philosophie. In den zwei Jahrtausenden nach Empedokles wirkte das Denkschema der vier wie ein Magnet, für Heiliges ebenso wie für Profanes. Es gibt nicht nur jeweils vier Himmelsrichtungen, Evangelisten, Erzengel, Paradiesflüsse, Kardinaltugenden, Tageszeiten, Jahreszeiten, Tonarten. Je nach Weltanschauung bekamen Elemente und Temperamente unzählige Attribute auf den Leib geschneidert und symbolisierten sich in bestimmten Tieren, Pflanzen, Formen, Handwerksgeräten, Spielkarten, Zahlen, Farben oder Musikinstrumenten. Von den Sternzeichen gehören Waage, Wassermann und Zwilling zur Luft, Löwe, Schütze und Widder zum Feuer, Jungfrau, Steinbock und Stier zur Erde und Fische, Krebs und Skorpion zum Wasser.

In den ab dem späten Mittelalter besonders zahlreichen, oft laienhaften Darstellungen der Temperamente-Typen zeigt sich der Choleriker kämpferisch bewegt mit Schwert und Schild durch Flammen reitend, seine Frau prügelnd oder den Fuß auf einen Drachen setzend. Begleitet wird er vom Feuerzeichen Salamander und auch von herrschaftlichen Tieren wie Löwe und Adler. Der zufrieden wirkende Phlegmatiker sitzt zumeist oder schläft. Manchmal neben einer Schildkröte. Oder er ist wegen seiner Nähe zum Wasserelement von Wellen umgeben, von Fischen und Fröschen. Hin und wieder musiziert er auch, tanzt aber nicht. Der Sanguiniker dagegen tanzt und spielt gleichzeitig, hat einen eitlen Pfau dabei, einen Affen oder auch einen triebhaft wirkenden Ziegenbock. Reitet er, so sitzt ein schönes Fräulein mit ihm auf dem Pferd. Der

Melancholiker stützt schwer den Kopf in die Hand, beleuchtet vom unheilvollen Saturn, begleitet von Fledermaus und einem treu wirkenden Hund. Neben ihm liegen ein Totenkopf, manchmal eine Weltkugel, ein Zirkel, Waage oder Stundenuhr.

Die Art der Melancholie-Darstellung und deren Attribute scheinen die Laienkünstler sich von Albrecht Dürers Kupferstich *Melancolia* abgeschaut zu haben. Es gibt Kunsthistoriker, die behaupten, Dürer habe auch den drei anderen Temperamenten je ein Werk gewidmet: *Ritter, Tod und Teufel* dem Cholerischen, *Hieronymus im Gehäuse* dem Phlegmatischen und einen früheren Stich, *Adam und Eva*, dem Sanguinischen. Auch seine vier *Evangelisten*, so sieht es Klibansky in seinem Buch *Saturn und Melancholie*, seien jeweils einem Temperament zugehörig. Zu Michael gehöre das Feuer, zu Gabriel das Wasser, zu Uriel die Erde und zu Raphael die Luft.

Gleich in den ersten Versen seines *Sonnengesangs* preist und dankt Franz von Assisi Gott für die Schaffung der Elemente. Auch bei Jacob Böhme und anderen christlichen Mystikern ist von ihnen die Rede. Eines der häufigsten Motive mittelalterlicher Kunst zeigt die vier himmlischen Gestalten des Visionärs Johannes: vier Cherubime, die er um Gottes Thron stehen sah: *Die erste Gestalt war gleich einem Löwen, und die zweite Gestalt war gleich einem Stier, und die dritte Gestalt hatte ein Antlitz wie ein Mensch, und die vierte Gestalt war gleich einem fliegenden Adler.* Später wurden die vier Wesen zu Symbolen für die vier Evangelisten und als solche findet man sie auf Altarreliefs, Kirchenfenstern, Kanzeln, Evangelienbüchern oder an Kirchentüren. Da umringen sie häufig ein Christussymbol oder Christus selbst. Diese vier Wesen sind aber auch Symbole für die vier Elemente: Löwe-Markus-Feuer, Stier-Lukas-Erde, Mensch/Engel-Matthäus-Luft, Adler-Johannes-Wasser.

Als der schwarze Hund, der ihm zugelaufen war, sich als Höllenbrut entpuppt, attackiert ihn Faust mit einem Zauberspruch und ruft darin Symbole der vier Elemente an: *Salamander soll glühen / Undine sich winden, Sylphe verschwinden / Kobold sich mühen.* Salamander ist ein Feuerzeichen, Undine eine Wassernixe, Sylphe eine Elfe (Luft) und der Kobold ein Erdwesen. *Wer sie nicht kennte/die Elemente,* fährt Faust fort, *ihre Kraft / und Eigenschaft / wäre kein Meister / über die Geister.*

Während manche Zuordnungen die Betrachter ratlos zurücklassen, muss man kein Fachmann sein, um zu erkennen, dass zwar ein leuchtendes Orangerot oder ein Sonnengelb einem bestimmten Melancholiker gut zu Gesicht stehen mögen, dass diese Farben dem *Melancholischen* jedoch wesensfremd sind. Die Teilnehmer eines Malkurses können da-

Licht ist das Kleid,
das du anhast;
Du breitest aus den Himmel
wie einen Teppich;
Du wölbest es oben mit Wasser;
Du fährst auf den Wolken
wie auf einem Wagen
Und gehst auf den
Fittichen des Windes;
Der du machst Winde
zu deinen Engeln
Und zu deinen Dienern
Feuerflammen;
Der du das Erdreich
gegründet hast
auf seinen Boden,
Das es bleibt immer
und ewiglich

PSALM 104

gegen vergnügliche Blicke in die Seele der anderen tun, je nachdem welche Farben und Aspekte gewählt werden. Es wäre verwunderlich, wäre nicht mindestens ein Choleriker dabei, der sich beim Thema *Das Meer* für einen wilden Gewitterhimmel in Rottönen und mit Blitz sowie schäumenden Meereswellen entscheiden würde. Bevorzugt jemand die gelbe Sonne, Wölkchen, himmelblauen Himmel und ein Segelboot und legt Wert auf ein flatterndes Fähnchen am Mast, handelt es sich wahrscheinlich um einen Sanguiniker. Phlegmatiker konzentrieren sich hingebungsvoll auf das Wasser in gedeckten, harmonischen Graublau- und Grüntönen und mit weißen Spitzen auf den wenigen Wellen, während die Bilder der Melancholiker oft, wirklich sehr oft, so aussehen, als hätten sie Caspar David Friedrich beim Malen von *Mönch am Meer* über die Schulter geschaut: ein einsamer Mensch am Strand, ausgeliefert den blauschwarzen, dräuend sich zusammenballenden Naturgewalten.

Feuer, Wasser, Erde und Luft gab und gibt es immer; und bis heute ist keine Kultur denkbar, die ohne tiefenstrukturell symbolische, alltagspraktische und technisch-wissenschaftliche Bezüge auf die Elemente auskommt. Die Elemente »sind« – und sie sind zugleich das, zu dem sie werden.

GERNOT UND HARTMUT BÖHME

Goethe und Schiller haben einiges für die Farbpsychologie getan und gemeinsam einen Kreis aus zwölf Farben entwickelt, den sie *Temperamenterose* nannten. Schiller schrieb die Erläuterungen und Goethe pinselte Farbflächen. Sie einigten sich auf die geheimnisvollen violetten Töne für Melancholiker, auf die Gelbtöne für Sanguiniker, auf die friedlichen Blaugrüntöne für Phlegmatiker und die feurigen Roten für Choleriker. Abweichende Ansichten sind im europäischen Kulturkreis mittlerweile in der Minderheit. Dabei hatten die alten Griechen das Rot eigentlich den Sanguinikern zugestanden, den Cholerikern das Gelb, während Phlegmatiker sich mit weiß und Melancholiker mit schwarz hatten zufriedengeben müssen.

Im 20. Jahrhundert sprengten Psychologen die Systematik der Vierzahl und fächerten die krankhaften Aspekte der Seele in eine Vielzahl von Störungen auf. Ein allgemeingültiges Schema konnte sich bei dem komplexen Thema bisher noch nicht durchsetzen. Auch außerhalb der Psychologie entwickelten sich verschiedene Theorien über Ursache und Wirkung der Temperamente. Genforscher sprechen heute vom Temperament als genetisch festgelegtem Kern der Gesamtpersönlichkeit. Deterministische Erklärungen sind zwar populär, aber überholt. Der Mensch gilt nicht als Sklave seiner Veranlagung, dazu ist er ein viel zu komplexes, zur Selbstreflektion fähiges Wesen. Seine Entwicklung hängt von vielen Faktoren ab und ob sich jemals genau feststellen lässt, wie abhängig der Einzelne in seinem individuellen Verhalten von genetischen Einflüssen ist, gilt als unwahrscheinlich. Für den Verhaltensgenetiker Dean Hammer sind Gene eher *die Musikinstrumente, auf denen wir spielen, als eine Partitur.*

Die Fortschritte der Medizin sind ungeheuer.
Man ist seines Todes nicht mehr sicher.

HERMANN KESTEN

Typisch leiden

Macht krank sein unglücklich oder macht unglücklich sein krank?

Aus der klassischen Humoralpathologie stammt der Gedanke, dass die verschiedenen Temperamentetypen aufgrund der Wirkung des ihnen jeweils zugehörigen *Körpersaftes* auch zu unterschiedlichen Krankheiten neigen. Nun behauptet niemand, das läge daran, dass etwa den Melancholikern ihr *Zuviel* an schwarzer Galle durchs Blut fließe, ins Gehirn hinein und dieses mit zähen, schwarzen Gedanken austrockne. Nicht von der biologischen Bedeutung ist die Rede, sondern vom Prinzip.

Gemeint ist, dass etwa die körperlichen Funktionen so *zäh* abliefen, als ob die gesamte Konstitution der Melancholiker *zu kalt und zu trocken* sei. Bei Cholerikern (gelbe Galle/Feuer) wäre sie nach diesem Muster *zu heiß und zu trocken*, bei Sanguinikern (Blut/Luft) *zu heiß und zu feucht* und Phlegmatiker (Schleim/Wasser) *zu kalt und zu feucht*. Haben also hochprozentige Temperamentetypen Fieber, so falle es, behaupten Naturheilkundler, entsprechend der jeweiligen Konstitution unterschiedlich aus. Choleriker neigten zu heftigen Fieberanfällen, die ebenso plötzlich verschwänden, wie sie gekommen seien. Bei Phlegmatikern dagegen, bei denen ohnehin der gesamte Organismus auf Sparflamme eingestellt zu sein scheint, verliefen Krankheiten meist nicht besonders heftig, dauerten aber lange. Fieber träte bei ihnen mit kaltem Schweiß auf, während es bei Sanguinikern eher hitzig sei. Diese extrovertierten Gefühlsbündel neigten zu Krankheiten des Nervensystems, zu Asthma und Allergien, zu Ticks, zu Entzündungen aller Art, zu Überfunktionen der Schilddrüse und zu Herzrhythmusstörungen. Typisch für Melancholiker seien sich nach und nach verschlimmernde Leiden. Oft hätten sie allgemein eine Immunschwäche, reagierten empfindlich auf Impfungen, litten an Neuralgien und an trockener Haut, die zu Schuppenflechte tendiere.

> GÜLDENSTERN:
> Er hat sich auf sein Zimmer begeben und ist sehr übel.
>
> HAMLET:
> Vom Trinken, Herr?
>
> GÜLDENSTERN:
> Nein, gnädiger Herr, von Galle.
>
> WILLIAM SHAKESPEARE

Für Phlegmatiker typisch seien niedriger Blutdruck und träge Verdauung, Gallen- und Nierensteine. Da sie zu Verschleimungen neigen, holten sie sich bei kühl-feuchtem Wetter schnell eine Bronchitis oder Entzündungen der Nasennebenhöhlen. Sie seien anfällig für Tuberkulose, für lymphatische Erkrankungen und solche des Drüsensystems. Phlegmatiker und Melancholiker, die beiden Introvertierten, neigten zu chronischen Erkrankungen, Sanguiniker und Choleriker eher zu akuten. Unter Cholerikern findet man häufig diese aktiven, vitalen Menschen, die immer unter Dampf zu stehen scheinen, die sich beim Essen ungern mäßigen und beim Trinken schon gar nicht und die sich mit ihrer angeblichen Pferdenatur brüsten. Bei ihnen stellt sich eine Krankheit oft wie ein Blitz aus heiterem Himmel ein. Herzinfarkt! Schlaganfall! Wenn schon, denn schon!

Sein Leben also verwickelte ihn so, dass er die Nächte damit zubrachte, weiter und weiter, und die Tage, sich tiefer und tiefer hineinzulesen; und so kam es vom wenigen Schlafen und vielen Lesen, dass sein Gehirn ausgetrocknet wurde, wodurch er den Verstand verlor.

MIGUEL DE CERVANTES

Interessant ist, dass Heilpflanzen aufgrund bestimmter *Signaturen* ausgewählt werden, die Analogien zur Beschaffenheit der Krankheitssymptome, zum Temperament und zum dazugehörigen Element des Kranken aufweisen. *Bei den Pflanzen gehören der Erde die Wurzeln wegen ihrer Dichtheit,* so erklärte der Neuplatoniker Agrippa von Nettesheim die Sache, *dem Wasser die Blätter wegen ihres Saftes, der Luft die Blüten wegen ihrer Feinheit, dem Feuer der Same wegen seines erzeugenden Geistes.* Das heißt, dass zum Beispiel der phlegmatischen Konstitution die weichen und saftigen Pflanzen gut tun, speziell jene, die man in Feuchtgebieten findet, wie Weiden, Birken oder Liebstöckel, während der melancholischen Wesensart, passend zum Element Erde, Flechten und niedrige Pflanzen, solche mit kräftiger Wurzelbildung und starken Gerbstoffen, speziell immergrüne und ausdauernde Gewächse zugeordnet werden.

Ob man sich nur einbildet, krank zu sein, ob man wirklich krank ist oder ob die Einbildung krank macht, dürfte von Fall zu Fall unterschiedlich sein. Wer jedenfalls angesichts all der geschilderten Gebrechen rote Pusteln bei sich auftauchen sieht und in Panik gerät, weil sein Puls plötzlich ganz unregelmäßig schlägt, dem wollen wir besonders das Thema Hypochondrie ans Herz legen. Galen schiebt sie vorrangig den Melancholikern in die Schuhe, den Geistesarbeitern, den Dichtern und Künstlern, da sie, so verkündete er, mit einem Zuviel an schwarzer Galle zusammenhinge, die neben Depressionen auch Zwangsvorstellungen auslöse. Franz Kafka, der wohl auch unter Letzteren litt, hatte sich schon als junger Mann extreme Sorgen um seine Gesundheit gemacht. Aus Angst vorm Kranksein habe er kaum noch gewagt, sich zu bewegen, schreibt er, und: *ich staunte alles, worüber ich noch verfügte, als Wunder an, etwa meine gute Verdauung; das genügte, um sie zu verlieren, und damit war der Weg zu aller Hypochondrie frei, bis dann unter der übermenschlichen Anstrengung des Heiraten-Wollens (...) das Blut aus der Lunge kam.*

Sei mäßig in allem, atme reine Luft, treibe täglich Hautpflege und Körperübung, halte den Kopf kalt, die Füße warm, und heile ein kleines Weh eher durch Fasten als durch Arznei.

HIPPOKRATES

Melancholie und Depression galten lange Zeit als deckungsgleich, und wer melancholisch war, war moribund. An allem sollte die schwarze Gallenflüssigkeit schuld sein. Therapeutisch rückte man dem Leiden auf den Leib mit Diäten, feuchten Brustumschlägen, Opium und morgendlichem Kopfstand, mit leichten Schlägen auf den Hinterkopf, Atemübungen, sexueller Enthaltsamkeit, Aderlässen und Selbstgeißelung. Deutlich angenehmer dürfte eine Empfehlung von Johann Nestroy für einen selbst gemachten Punsch sein: *Mit'n Bierrausch ist's gute Nacht,/Weil'r melancholisch macht,/Vom Wein, da tut man gern/In Rausch cholerisch wer'n,/Und bei die zwei Temp'rament'/Hat gleich's Vergnüg'n a End'./Ein'Rausch, der sanguinisch is,/Kriegt man vom Punsch nur g'wiss,/Außer in Kaffeehaus/Fallt er phlegmatisch aus./Drum ein Getränk nach mein' Wunsch/Is nur ein z' Haus g'machter Punsch.*

Bei einem Punsch hin und wieder sind manche Trinker nicht geblieben. Unter Dichtern und Künstlern gibt es deutlich mehr Alkoholismus als bei *gewöhnlichen* Zeitgenossen – das darf man behaupten, seit seriöse Wissenschaftler die Biografien prominenter Kunstschaffender durchforstet haben. *Ein Alkoholnebel liegt über der Weltliteratur,* schrieb Michael Krüger im *Süddeutsche Zeitung Magazin.* Von vier amerikanischen Literaturnobelpreisträgern weiß man mit Sicherheit, dass sie Alkoholiker waren. Der erste, Sinclair Lewis, fragte gar sarkastisch: *Können Sie mir fünf amerikanische Autoren seit Poe nennen, die nicht an Trunksucht gestorben sind?* und soll es selbst auf einen Liter Weinbrand pro Tag gebracht haben. Der zweite, Eugene O'Neill, trank zur Not auch verdünnte Möbelpolitur, schaffte es aber irgendwann, trocken zu werden. William Faulkner galt als exzessiver Alkoholiker und Ernest Hemingway begann den Tag mit zwei Highballs. John Steinbeck soll eher ein Grenzfall gewesen sein, da er es immerhin geschafft hatte,

Es ist ein Brauch von alters her:
Wer Sorgen hat, hat auch Likör.

WILHELM BUSCH

den Nobelpreis nüchtern entgegenzunehmen. Andere Dichter und Schriftsteller standen den Nobelpreisträgern in nichts nach – die Liste ließe sich eindrucksvoll fortsetzen und man könnte gleich eine weitere anfügen mit Beispielen von versuchten und vollendeten Selbstmorden unter Dichtern und Künstlern.

Gewiss kommen Alkoholismus, Drogenabhängigkeit und schwere Depressionen mit Suizidanfälligkeit auch bei anderen Temperamenten vor, doch bei keinem ist die Gefahr so groß wie bei melancholischen Kunstschaffenden. Offenbar reicht die schöpferische Tätigkeit allein als Therapie nicht immer aus, um Angstvorstellungen, bösen Träumen oder Durststrecken zu begegnen. *Wenn du lang genug in den Abgrund blickst, blickt der Abgrund in dich hinein,* formulierte Nietzsche – gewiss aus persönlicher Erfahrung.

Die Selbstkritik hat viel für sich.
Gesetzt den Fall, ich tadle mich,
so kommt es dann zuletzt heraus,
dass ich ein ganz famoses Haus.

WILHELM BUSCH

Humor ist eine ernste Sache

Die liebenswürdige Ebene

Der geistreiche Voltaire war spöttisch, witzig, ironisch, sarkastisch, und er war berüchtigt für jene Art von verletzendem Witz, die aus einem scharfen Intellekt kommt. Aber er hatte keinen Humor. Dazu fehlte ihm die Liebenswürdigkeit. Menschen mit Humor haben im Gegensatz zu Spöttern kein selbstgefälliges Vergnügen daran, auf anderen Leuten herumzuhacken, sie justieren nur den Blickwinkel ein wenig anders und heben Schwächen mit leichter Hand auf eine heitere Ebene.

> Der Humor ist sich der Not, des Leidens und des Bösen in der Welt durchaus bewusst, aber er weiß, dass sie nicht die letzten Tatsachen des Lebens sind.
>
> PHILIPP LERSCH

Wenn man sagt, Humor komme aus dem Herzen, heißt das nicht, dass die Realität überzuckert wird. Ein Mensch mit Humor weigert sich nur, seine Stimmung von der Realität abhängig zu machen: Die letzten Jahre vor seinem

Tod verbrachte der schwer erkrankte Heinrich Heine in seiner *Matratzengruft* in Paris. Als er vor den Augen eines entgeisterten Besuchers von seiner kräftigen Pflegerin aus dem Bett gehoben und zur Toilette getragen werden musste, löste er die Peinlichkeit der Situation mit der Aufforderung, man möge in Deutschland erzählen, dass die Frauen in Paris ihn *auf Händen* trügen.

Für komplizierte Melancholiker ist Humor der rettende Schopf, an dem sie sich aus einem schwermütigen Sumpf selbst wieder herausziehen können, doch nur dann, wenn sie ihn nicht mit scharfbitteren Zutaten vergiften, sondern ihn höchstens mit einer Prise jener zarten Ironie würzen, die eher liebenswert als verletzend daherkommt. Humor lenkt die Aufmerksamkeit vom eigenen Bauchnabel auf die Befindlichkeiten anderer Leute. Das tut Melancholikern gut! In den Filmen mit Charlie Chaplin, diesem schüchternen Liebhaber und romantischen Träumer, der nie aufhörte, sich gegen die Macht oder die Tücken des Schicksals aufzulehnen, zeigt sich die ganz spezielle melancholische Nähe zum Humor.

Für Choleriker ist Humor eine andere Art der Befreiung. Spürten sie gerade noch die Last einer sich zusammenballenden Emotion, findet der eruptive Zornesanfall nun in einem befreienden Lachen den Ausweg. Erleichtert fühlen sie sich wie ein Eingeschlossener, der, die Krallen des Untiers schon fast in den Fersen, mit einem sicheren Schuss das Fallgitter sprengt und in die Freiheit gelangt. Dann schnurren sie friedfertig, lecken sich das Fell, ver-

Humor ist, wenn man trotzdem lacht.
Otto J. Bierbaum

streuen Bonbons über die schmollenden und angeschlagenen Häupter ihrer Umgebung und lassen sich all das sagen, was man ihnen immer schon mal sagen wollte und nie zu sagen wagte. Vielleicht kommt ihnen dieser Zustand irgendwann einmal so angenehm vor, dass sie ihn sich öfter genehmigen möchten.

Die gelassene Gemütsverfassung des humorvollen Menschen fällt Phlegmatikern aufgrund ihres Naturells wie von selbst zu. Allerdings sind sie auch mit wenigem zufrieden. Rund wird die Sache erst, wenn sich auch noch die Heiterkeit dazugesellt und es ihnen gleichzeitig gelingt, im Alltag deutlicher Stellung zu beziehen, mehr Verantwortung zu übernehmen, mehr auf andere zuzugehen, Trägheit und Gleichgültigkeit zu überwinden, oder, unkomplizierter gesagt, den Hintern hochzukriegen. Das wäre der Schokoladenpudding, den sie eigenhändig anrühren müssten. Der Humor als Sahnehäubchen gesellt sich dann wie durch Zauberhand von selbst dazu.

> Der Humor nimmt die Welt hin, wie sie ist, sucht sie nicht zu verbessern und zu belehren, sondern mit Weisheit zu ertragen.
>
> Charles Dickens

Sanguiniker lachen gerne und oft und scheinen daher wie selbstverständlich von einer leuchtenden Humor-Aura umgeben zu sein. Aber das ist nicht zwingend, denn zum Humor gehört weniger das Lachen als das Lächeln und schon gar nicht jene überdrehte Fröhlichkeit, die als typische Sanguiniker-Schwäche so schnell wie ein Schirm vor einer Windböe in extrovertierte Betrübnis umschlagen kann. Humor lässt Sanguiniker mehr Zwischentöne wahrnehmen und bringt sie dazu, das Leben differenzierter und nachdenklicher anzugehen, als es ihnen von Natur aus liegt.

Ohne Humor wäre das Lebensziel, mit sich im Reinen zu sein, kaum zu erreichen. Selbst Schopenhauer, der ja nicht gerade als überschäumende Frohnatur beschrieben wird, meinte, dass keine andere Eigenschaft als die *Fröhlichkeit* (im Sinne von Humor) jedes andere Gut vollkommen ersetzen könne, *während sie selbst durch nichts zu ersetzen ist.* Christian Morgenstern hielt den Humor für *die äußerste Freiheit des Geistes.* Für Edward de Bono gilt er gar als das *vermutlich weitaus wichtigste Phänomen des menschlichen Geistes.* Und in der Tat ist Humor eine rein menschliche Angelegenheit.

Humor bedeutet Flüssigkeit, Feuchtigkeit und *humores* sind diejenigen *vier Körpersäfte*, die nach Vorstellung der antiken Medizin Ursache für die Temperamente waren. So wie eine harmonische Mischung der vier Elemente Feuer, Erde, Wasser und Luft den Makrokosmos erhielt, so war eine ausgeglichene Säfte-Mischung im Körper des Menschen die ideale Humor-Basis.

Was wäre die Welt ohne die Temperamente? Das Langweiligste, was Sie sich denken könnten!

Rudolf Steiner

Es mag sein, dass es schon mal jemanden gab, der ausgeglichen und humorvoll auf die Welt kam und ein ganzes Leben lang so blieb – wahrscheinlicher ist, dass Humor allein als *Fähigkeit* in jedem Mensche steckt und dass die Ausgeglichenheit der *humores* mühevoll erkämpft werden muss. Wichtig ist, dass man sie sich erkämpfen *kann,* auch wenn vielleicht ein ganzes Leben dazu nötig ist.

Auch für den, der die Idee mit den Säften als Ursache der Temperamente beiseite lassen möchte, liegt der Gedanke nah, dass ein Mensch nur dann heitere Gelassenheit ausstrahlen kann, wenn seine vier inneren *Biester* freundlich hechelnd neben ihm liegen und er jedem einzelnen liebevoll über den Kopf streichen kann. Das bedeutet natürlich, dass wir auch das eine, das abgemagerte, das ungeliebte, das vierte Temperament aus seiner dunklen Ecke holen und aufpäppeln müssten. Das ist vor allem dann schwierig, wenn es nicht nur für Eigenschaften steht, die uns fremd sind, sondern für solche, die uns bei anderen Leuten, die sie haben, mächtig auf die Nerven gehen.

Wem es tatsächlich gelänge, alle vier Temperamente zu höchster Blüte zu führen und dauerhaft in harmonischem Verhältnis in sich zu vereinigen, könnte eigentlich mit einem Heiligenschein von der Lebensbühne abtreten, denn er wäre vollendet und nicht mehr so recht von dieser Welt.

Personenverzeichnis

Literaturverzeichnis

Asserate, Asfa-Wossen: Manieren, Frankfurt 2003.

Böhme, Gernot/Böhme, Hartmut: Feuer Wasser Erde Luft – Eine Kulturgeschichte der Elemente, München 2004.

Burrell, Brian: Im Museum der Gehirne – Die Suche nach Geist in den Köpfen berühmter Menschen, Hamburg 2005.

Burton, Robert: Die Anatomie der Schwermut, Frankfurt 2003.

Clair, Jean: Melancholie – Genie und Wahnsinn in der Kunst, Katalog zur Ausstellung, Neue Nationalgalerie, Berlin 2006.

Desmond, Adrian/Moore, James: Darwin, Berlin 1995.

Garff, Joakim: Søren Kierkegaard, München 2005.

Geerk, Frank: Paracelsus – Arzt unserer Zeit, Düsseldorf 2001.

Guardini, Romano: Vom Sinn der Schwermut, Zürich 1968.

Hellwig, Bernhard: Die vier Temperamente bei Kindern, Paderborn 1897.

Kafka, Franz: Brief an den Vater, Prag 2006.

Klibansky, Raymond: Saturn und Melancholie, Frankfurt am Main 1990.

Knigge, Adolph Freiherr von: Über den Umgang mit Menschen, Frankfurt am Main 2002.

Köhler, Henning: Vom Rätsel der Angst, Stuttgart 2000.

Krockow, Christian Graf von: Churchill, Hamburg 1999.

Lipps, Peter: Temperamente und Pädagogik, Stuttgart,1998.

Littauer, Florence: Einfach Typisch! Die vier Temperamente unter der Lupe, Asslar 1998.

Mraz, Gerda/Schögl, Uwe: Das Kunstkabinett des Johann Caspar Lavater, Wien 1999.

Ohff, Heinz: Theodor Fontane, München 2002.

Rehm, Walter: Gontscharow und Jacobsen, Göttingen 1963.

Schad, Wolfgang: Erziehung ist Kunst, Stuttgart 1994.

Seebacher-Brandt, Brigitte: Willy Brandt, München 2004.

Sillem, Peter (Herausgeber): Melancholie oder Vom Glück, unglücklich zu sein, München 1997.

Steiner, Rudolf: Das Geheimnis der menschlichen Temperamente, Basel, 1989.

Welzel, Petra: Hildegards Lied, Frankfurt, 2006.